波稜 烏魚子 桌 一夜干 竹筍 芫荽 滷肉飯

糜 珍珠奶茶 薢菜 總舖師 虱目魚 鼎邊趖 奶雞

牛 仙草 阿給 沙西米 便當

馬告 芭樂 酸菜 釋迦

台灣食物名小考
蚵仔煎的身世
曹銘宗 著
林哲緯 繪圖
翁佳音 推薦文

雞捲 黑輪 甜不辣 檳榔

鳳梨 壽司 蚵仔煎 破布子 米篩目 番仔薑

大陸妹 味噶 沙

柑仔蜜 粿 切仔

蚵仔煎的身世

台灣食物名小考

目次

貳 美食的前世今生

美味推薦

猶記得退伍前半年，心血來潮的跟隊上弟兄說：「我們明天晚餐來吃蚵仔煎，請採買明天要買空心菜回來」，這時第一班有人舉手說蚵仔煎應該要加茼蒿菜，第三班隨即又舉手要加小白菜……，詳細問了各自堅持後，原來因地區性的不同，居住在台灣的我們，北、中、南居然有這樣子大的差異，人們的飲食習慣所餘留的味覺真的會是記憶中很堅持的味道。可以同時享受三種口味的蚵仔煎，索性三種蔬菜全都買了。

每段歷史總有紀錄，每道菜色總有來頭，每個食材總有身世。

在本書中，曹老師以歷史脈絡找出菜色出處並追尋食物本身姓名的源頭，有著以形為考的「雞管」就是現在的「雞捲」，其實跟雞肉沒多大的關係，「破布子」醃漬的塊狀極像破布而名；以色為考找出「鳳梨」與「黃梨」的歷史關聯；以音為考的閩南、客家相近發音而得的「福菜」與「覆菜」，「冬粉」與「東粉」，「柳丁」與「紐澄」、「臍澄」的趣味關係……歷史系出身的曹老師結合近代史學、語文、中醫理論所及的通盤詳解，加上偶有廚藝料理發表，更為所著增添風采，實在值得料理界的後進學習。

料理者不再只是專攻烹調手法與擺盤技巧，食物的靈魂就在名字與歷史背景中幻化出一條屬於自己的文化，料理就欠這一味，靜待料理人善意的賦予。

——林奕成／薰衣草森林品牌主廚

過去與曹銘宗是同一家報社同事，他為人善良風趣，增添許多同事在工作時的歡樂氣氛，如今我倆雙雙離開報社，繼續成為至交好友。他重要的兩大學經歷成為作品豐富生動的元素，一個是歷史、一個是新聞。歷史使他追古溯今游刃有餘，新聞則使他保有通俗易懂的文字風格，讓知識嚼而有滋有味。

更重要的是，他保有好奇與好學的態度，在追根究柢之下往往發現驚喜，跟隨著他的探索一起前進，不會後悔。

——陳靜宜／飲食專欄作家

除了講求美味健康滿足口腹之慾，飲食值得探究之處更在於如何反映社會脈動與歷史發展，飲食用語的來源與變遷正是個最好的切入點。本書作者從語言演變的觀點，追尋台灣飲食名稱的身世。有了美食加持，搭配遠勝照片、細緻美麗的插圖，繁瑣嚴謹的字源學考察也變得樂趣橫生有滋有味。

——蔡倩玟／國立高雄餐旅大學食創所副教授，《美食考》、《食藝》作者

【推薦序】

好好吃，理解自己

翁佳音／中央研究院台灣史研究所

我常跟學生說，與其苦讀太多現代歷史學術論文，迷走其中，不如整裝輕鬆外出，儘可能島內島外行走，多吃、多喝、多看。

多看，當然是指實地旅行，體驗民情與探索各地怪異地名；多吃、多喝，不外乎品嚐青草茶、泡沫紅茶等國民飲料，甚至是最近二十幾年來台灣新研發的酒精類。酒，是談話水，適量飲酌，話匣子可開很久。書上難懂，或未記載的歷史精靈，說不定會在談話中現身，驚奇對話。

國以民為本，民以食為天。食物，或食物名稱，永遠是歷史學的主題；饑荒、糧食生產地與產量，歷史家無法視而不見。我隨手舉一例，近代初期以後，番薯、馬鈴薯先後普傳，各地區人口因而走向較穩定的成長，有助於近現代世界各族群遷徙與定居的形成。

糧食傳播，本身也是一種國際間文化交流。日本人對番薯有不同稱法，如唐芋、琉球芋、薩摩芋，背後標誌著傳播路線。我們的故事，更妙。十六世紀，番薯由馬尼拉傳到台灣，再傳去中國。後來，又傳進馬鈴薯，漳泉語系的人群竟然在「荷蘭薯」稱呼外，還有個「番仔番薯」！

飲食，也是民俗學與人類學長久以來的研究對象。不少民族存在歲時節令吃特定食物，而且也有食物禁忌傳統。例如，《舊約聖經‧利未記》十一章有「潔淨與不潔淨食物」的名稱；以前，台灣民間牆壁上常貼，或農民曆封面底印有「食物相剋表」，根據民俗或人類學的研究，很多情況是出自各民族的古老文化或宗教觀念，不一定是食物本身不潔淨，或真的搭配有毒。

也許講的有點太遠了，還是回到本書所提的食物探討，這確實與自己的歷史文化有關。俗話說，吃遍天下山珍海味，還是「媽媽的味道」最好。歷代媽媽傳承煮法，養成我們的胃納慣性，因而區別了我（們）家與他（們）家的不同。文化、國家的定位，有時可從「御袋の味」開始。我舉八、九〇年代兩個自己的經歷，來稍作說明與延伸討論。

一是某次在香港，吃了幾天港式料理，新奇感已失，再食乏味；偶然看到街上一家潮州店，心想潮州與漳州文化系統相近，何妨試吃一下。果然，當天在香港異域，有找到類似家鄉味的感動。在無今日電視、電腦食譜教學的長期傳統社會中，同語系族群的胃袋，多少具有集合性味覺，所以有人用「川菜」、「浙菜」，或「粵菜」與「台灣菜」分類，不無道理。然而，隨著地理環境、食材之不同，以及時間發展，同語系族群的料理無可避免產生變異，甚至連名稱也有所不同。台灣北中南，雖統稱台灣菜，還是有明顯差別，就是這個原因。

另一例，是當時有位敵視台灣民主運動、本土文化與日本，卻小有名氣的台灣華語女作家，有次講到中外美食，她嫌法國炒飯米粒不佳，「不像我們中國，千年來都是QQ、香香」。聞此言，只有嘆息！讀者若看本書〈蓬萊米與在來米〉，便可知稍黏卻QQ的米飯，是「日據」時代引進的「蓬萊米」，不是中國千年乾鬆的在來米。同是「米」字，不同師傅。

我舉第二例，用意不在批評那位華語女作家，這不能怪她。百餘年來，台灣身處不正常國家的悲運，歷史教育與記憶殘缺歪扭，難免讓人變態自大。所以，我們得自我醫療，努力往堂堂正正國民邁步。

銘宗兄說本書副題是「台灣食物名小考」，又說小考另有一意思，指小考試。我倒認為小考是健康國民的自我診斷，讀者不妨飯前飯後自己小考一下「連台灣人也搞不懂的台灣食物名」，相信對自己周遭的族群與歷史文化，或台灣的越洋國際交流往事，會有健康，而不是巨癡腫瘤的現代國民知識。

推介寫到這裡，也該收筆了，不過本書很精彩，雖然主題多繞著食物名稱、原產地與發音等問題，我還是忍不住端出兩盤好好吃的其他問題以饗讀者：

（一）本書主題「蚵仔煎的身世」，我小時吃的蚵仔煎，可不是像現在糊糊的，是我記憶錯誤，還是台灣傳統食物也在變化？

（二）常聽人說台灣人以前不吃牛與狗肉，畢竟，民間信仰與觀念有「食了牛犬，地獄難免」。可是文獻上有提到「台俗七夕、中秋、重陽，俱祀魁星。是日，儒生有殺犬取其首以祀者」；孔廟、關帝廟，甚至是文昌帝君祀典，也用牛、羊、豕三牲的「太牢」。哇，台灣人也有宰牛、殺狗，用狗頭拜拜的高層文化。

啊！不管他了，先把這本書買下，吃吃喝喝時討論它。

【自序】

多語言的台灣地名與食物名

如果說土地的名字隱含土地的身世，那麼食物的名字也承載了族群生活的歷史與文化，並呈現了跨國越洋的傳播與交流。

所以，我在今年初與中央研究院台灣史研究所翁佳音先生合作出版探索台灣地名的《大灣大員福爾摩沙》之後，接著又寫了這本探索台灣食物名的新書。

台灣因歷史的因緣際會，帶來多元族群與多元文化，除了表現在地名，也表現在食物名。現在以中文書寫的台灣地名，可能是原住民語音譯、歐洲語音譯、漢人的閩南語、客家語、明清官話，以及日本語的漢字。台灣食物名也一樣，甚至還有源自古漢語、東南亞語。

多年來，我是買菜、做菜的煮夫，好奇、好問的記者，也是關心台灣歷史、飲食文化的作者，本來就對很多台灣食物名字有所疑惑，例如以下的問題：

- 高麗菜：跟韓國有什麼關係？
- 冬粉：跟冬天有什麼關係？

- 蓮霧：跟蓮有什麼關係？霧是什麼意思？
- 柑仔蜜：為什麼番茄在南台灣叫柑仔蜜？既不像柑，也不甜啊！
- 山葵：為什麼中文辭典查不到山葵？
- 米酒：為什麼叫紅標米酒？為什麼台灣米酒不是釀造而用蒸餾？
- 雞捲：為什麼裡面沒有雞肉？
- 蚵仔煎：為什麼不叫煎蚵仔？
- 鳳梨：為什麼鳳梨台語的發音是「王梨」（ông-lâi）？
- 西瓜：台語的「西」，文讀音 se，白讀音 sai，為什麼只有用在西瓜時跟華語一樣念 si？

對台灣食物名的問題，連台灣人也不求甚解。我曾耐心讀完一篇農業專家寫的「破布子」研究報告，結果通篇不提「破布」之名由來，大概作者自己不知道也查不到吧。

探索台灣食物名，除了翻閱台灣歷代文獻，也要把觸角伸向國際。

- 為什麼菲律賓人稱米粉為 Bihon，發音跟台語一樣？
- 為什麼印尼人稱麵為 Mee，發音跟台語一樣？印尼語的 Kue 就是台語的「粿」？
- 為什麼荷蘭菜 Loempia（oe 念 u）、法國菜 Lumpia，發音跟台語「潤餅」一樣？
- 為什麼芒果的台語「樣」（suāinn），發音接近越南語（Xoài）、柬埔寨高棉語

（Svay）？

- 為什麼歐美國家稱番茄醬為 Ketchup，發音接近台語鹽漬海產的「膎」（kê）汁？

另一方面，近年來台灣也有食物名向國際輸出，例如二〇〇九年台灣裔美國人在美國紐約曼哈頓開了一家名叫 BaoHaus 的包子店，招牌菜 Gua bao 的名稱和作法就是台灣小吃「割包」（台語音 kuah-pau）。

二〇一一年在英國倫敦開店，已擴張歐洲、美國、中東的 Bubbleology，專賣 Bubble tea，就是源自台灣的「泡沫紅茶」。此外，美國人所說的 Boba tea，就是台灣「珍珠奶茶」的暱稱「波霸奶茶」。

今天，探索台灣食物名由來，除了有台灣數位典藏、全球網際網路的幫助之外，我還有很多個人的優勢。我懂台灣閩南語，並有客家、原住民及世界各地的親友可以詢問。我還兼任英語、華語導遊，有機會與各國旅客交談。如果涉及台灣歷史的問題，翁佳音先生是我最好的顧問。

我也常把寫好的文章，放到臉書上分享，有些臉友就會提供意見、參與討論，讓我的論述更加周詳。

最特別的，我因工作關係常接觸停靠基隆港麗星郵輪的南亞、東南亞船員，有些問題可以當面向他們詢問和求證。我曾詢問幾位菲律賓籍廚師，找到柑仔蜜、虱目魚最可能的語源。甚至，我還找到中國古文獻對菠菜起源說法的錯誤。

有關菠菜台語「菠薐」（pue-lîng）的語源，中國古文獻說：「蔬品有頗陵者，昔人自頗陵國將其子來，因以為名，今俗乃從艸而為菠薐。」由於文中提到「頗陵國」，所以有人去研究、比對當年中亞、西亞的國家，卻找不到這個國家。結果，我詢問麗星郵船一位尼泊爾籍船員，找到了答案，原來「頗陵國」不是國名，而是源自尼泊爾語菠菜的發音 **Palungo**。

探索台灣食物名由來是一件非常有趣的事，我找到長期以來無人解釋的答案，更正習以為常的錯字，同時也介紹了台灣獨特的飲食文化。

當然，還有不少我找不到由來的台灣食物名。台灣是海島，海產豐富，但有很多海產的名字，學名很難記，俗名卻搞不懂，例如台灣人常吃的「土魠」、「午仔」、「嘉臘」、「花飛」、「四破」、「花枝」等等。

我也要強調，本書對很多台灣食物名由來提出正確或最可能的答案，但也不敢完全論定，而是希望可以打開討論風氣，因為研究台灣食物名可以了解台灣的飲食文化，以及台灣與世界的關係，讓大家更加愛惜自己安身立命所在的美麗之島。

自二〇一三年以來，我由貓頭鷹出版了四本書：《台灣史新聞》、《台灣人也不知道的台式國語》、《大灣大員福爾摩沙：從葡萄牙航海日誌、荷西地圖、清日文獻尋找台灣地名真相》、《蚵仔煎的身世：台灣食物名小考》，希望讓讀者輕鬆、有趣了解台灣的歷史和文化。我會繼續書寫台灣，也期待更多人認識台灣進而關懷台灣。

最後，我要感謝對這本書有所貢獻的臉友，包括已故台灣研究者陳政三，台語文研究者葉程允、蕭平治、潘科元、李恒德、林金城、林文信、許嘉勇、杜建坊，以及客家朋友鄭空空、阿美族朋友以撒克·阿復（Isak Afo）等人。此外，政治大學越南語專任講師、越南裔的陳凰鳳（Tran Thi Hoang Phuong），也幾次當面回答我的詢問。

本書的編輯張瑞芳，以及她邀來的插畫家林哲緯，更讓全書生色不少，在此一併致謝，辛苦你們了！

壹 食物的語源考查

台灣食物的歐美外來語

𪎌

如果沒見過「𪎌」這個字，請去台灣知名麵包師吳寶春開的麵包店看看，招牌上就寫著：「吳寶春𪎌店」。

台北誠品松菸店地下二樓有一家吳寶春麵包店，我曾在早上開門營業時，聽到員工在門口列隊高呼：「歡迎光臨吳寶春𪎌店」，「吳寶春」三個字念國語，「𪎌店」兩個字則念台語。「𪎌」這個字念作ㄆㄤˋ，就是麵包的意思，這是從台語而來的台式國語。

在基督宗教的聖餐儀式中，常聽見一首著名的中世紀拉丁文聖歌〈Panis Angelicus〉，Panis 這個拉丁字，就是「𪎌」的字源！

Panis angelicus 直譯中文就是：天使（天國）的

麵包。整首歌的第一句：Panis angelicus fit panis hominum，直譯中文就是：願天使（天國）的麵包，成為人們的麵包。我在Youtube以Panis angelicus搜尋，就找到由帕華洛帝、多明哥、波伽利等著名男高音演唱的這首歌。

拉丁文是歐洲各國語言很多字彙的字源。麵包的拉丁文Panis，衍生出義大利文pane、法文pain、西班牙文pan、葡萄牙pão，發音也都相近。

麵包的歐洲語，如何飄洋過海化為台語呢？

原來，在歐洲的大航海時代，葡萄牙人在十六世紀中最早抵達日本，引進了西方的麵包，日文音譯為「パン」（pan），日文辭典即指這個字是葡萄牙外來語。在日本統治台灣時期（一八九五年〜一九四五年），日本人把稱為「パン」的麵包傳到台灣，這個食物名字雖然融入了台語，但並未寫成中文字。

在日本，日文用漢字＋葡萄牙外來語，創造了「食パン」（shokupan），指土司麵包，以及「菓子パン」（kashipan），指甜的麵包。台語稱土司麵包為siók-pan，有人以為siók是「俗」，便宜的意思，其實是日文漢字「食」（shoku）的發音被省略為「俗」。

戰後，台灣的主流語言雖然是國語，但麵包的台語ㄆㄤˋ仍在民間廣為使用。二〇一〇年底，台灣的「パン達人手感烘焙」連鎖麵包店開幕，媒體以日語「パン」與國語文「胖」諧音，而稱之為「胖達人」，但此店已於二〇一四年初停業。

二〇一〇年，在法國巴黎每三至四年舉行一次的路易樂斯福世界盃麵包大賽，吳寶春代表台灣以「荔枝玫瑰」麵包參賽，榮獲冠軍。二〇一〇年十一月，吳寶春在高雄開設第一家「吳寶春麭店」，這是麵包的台語ㄆㄤˋ，首次被正式寫成新造的中文字「麭」。二〇一三年，導演林正盛把吳寶春成長和奮鬥的故事搬上銀幕，電影片名取作《世界第一麭》。從此，台灣的麵包多了一個新創的字：麭！

目前也有人用「麭」來寫麵包的台語ㄆㄤˋ。這個罕用字「麭」音ㄆㄠˋ，在中文字典解釋為糕餅，宋官方韻書《集韻》則是餌的意思，恐怕會混淆麵包外來語的本義。

甜不辣

我曾帶馬來西亞華人旅客在台北東區逛街，經過很多人排隊的「阿婆甜不辣」店門口，他們看得懂中文招牌，所以非常好奇：到底阿婆賣的「甜而不辣」是什麼小吃？

「甜不辣」是台灣常見的庶民小吃，與字面上的甜、辣沒有關係，而是指油炸過的魚漿，可以直接蘸醬吃，也可以煮湯做成日式關東煮。

在台灣，「甜不辣」是台語的中文音譯，台語則源自日文「てんぷら」（tenpura），日文對這個用詞以漢字寫成「天ぷら」、「天麩羅」、「天婦羅」。自日本時代以來，

台灣人跟著日本人念「てんぷら」，到了戰後，有人想把這個台語用詞寫成中文，但可能不知道本來的日文漢字「天婦羅」，而創造了逗趣的新詞「甜不辣」。

事實上，現今台灣的「甜不辣」，也與日本一般的「天婦羅」有所不同：前者是炸魚漿小吃，後者則是把海鮮、蔬菜等裹粉油炸的料理。現今日本也有類似台灣「甜不辣」的小吃，在關東地區稱為「薩摩揚」（satsumaage），但在關西地區仍稱「天婦羅」。

台灣最有名的「甜不辣」，應該就是基隆廟口第十六攤了！我曾在一九九七年訪問該攤創始人王德，他強調使用不是一般以低價雜魚打成的魚漿，而是以基隆近海的小鯊魚、海鰻加味噌打成的魚漿。這攤店名本來稱之「基隆廟口甜不辣」，後來定名「基隆廟口天婦羅」。

日文「天婦羅」的用詞，有一種說法是源自拉丁文 Tempora，本義是時間或時期，英文 Temporal（時間的）也源自此字。

在歐洲的大航海時代，葡萄牙人在十六世紀中最早抵達日本。葡萄牙人信奉天主教，在「大齋期」（四旬齋期）的四十天內，以齋戒、刻苦、施捨等方式來補償自己的罪惡。所謂齋戒，依規定不能吃肉，但可以吃魚。

我們可以想像一個場面：當葡萄牙傳教士在吃以麵粉裹魚油炸的食物時，日本人好奇問他們在吃什麼？他們在解釋時，說了「大齋期」的拉丁文 Ad Tempora Quadragesimae。日本人聽了後，可能誤以為這種食物就叫 Tempora。

今天，我們吃「甜不辣」或「天婦羅」，如果發現原來是在吃「時間」，是不是在美味之外又增添了歷史回味呢？

高麗菜

在植物學上稱為「結球甘藍」的蔬菜，又稱包心菜、捲心菜，但在台灣大都稱為高麗菜，菜名源自台語的「高麗」（ko-lê）。

「高麗」二字，顧名思義，這種蔬菜大概與韓國有關，但在韓國卻稱為「양배추」

（yangbaechu），那是來自中國「洋白菜」的說法，因為中國人認為這種西洋的蔬菜長得很像中國的白菜。

那麼這種蔬菜與日本有關嗎？不對！這種蔬菜在日本稱為「キャベツ」（kyabetsu），那是來自英文Cabbage的音譯。

其實，台灣在日本時代的台語已有「高麗菜」的用詞。根據日本時代的《台日大辭典》，收錄兩個有關「高麗」的詞條：一是「高麗參」（藥），注解是「朝鮮人參」；一是「高麗菜」（植），注解是「球菜」。

那麼台語的「高麗」菜名從何而來？

我曾在一九九四年詢問《台灣果菜誌》作者王禮陽先生，他提出一種說法：當年日本帝國推動南進政策，為了鼓勵台灣人種植這種容易保存、運送的蔬菜，找了韓國大力士來台灣宣傳，並說種蔬菜非常營養，常吃可強身，有如吃了高麗參，所以稱之高麗菜。

所以高麗菜的「高麗」二字與高麗參有關？這種說法無法證實，但高麗菜在台灣會成為主要蔬菜之一，應該是與日本殖民政府的推廣有關。

我們再往日本時代之前探源，原來台灣在清代就有高麗菜了！這種蔬菜，台灣方志稱之「番芥藍」，並指這是早年由荷蘭人引進的蔬菜。官方的「番芥藍」用詞，顧名思義就是長得很像芥藍的外來種蔬菜，也已被確認就是高麗菜。

二〇一三年初，中研院台史所鑽研台灣荷蘭時代歷史的朋友翁佳音，在與我私訊時提到台語「高麗」菜名應該源自荷蘭語，因為這種菜原產於歐洲，荷蘭語叫Kool（發音近kɔ:lə），西班牙語叫Col，德語叫Kohl，都與台語「高麗」諧音。

這種說法從未有過，但我很快找到佐證。當時，我帶新加坡華人旅遊清境農場，在用餐時吃到高山種植的高麗菜，他們覺得非常好吃。我就問他們，這種蔬菜在新加坡叫什麼名字？原來，在新加坡，這種蔬菜的華語（官方語言之一）稱之「包菜」，但民間的福建話（閩南語）則稱之「高麗菜」，與台語相同。

既然新加坡的福建話也有「高麗菜」的用詞，所以可說推翻了台灣「高麗菜」與韓國大力士宣傳有關的說法。

從歷史來看，我們可以推論：在十七世紀前後的荷蘭人、西班牙人，把這種蔬菜從歐洲帶到東南亞和台灣，雖然清代台灣的官方稱之「番芥藍」，但東南亞和台灣的民間卻以閩南語直接音譯荷蘭語、西班牙語的菜名為「高麗」，並流傳至今。

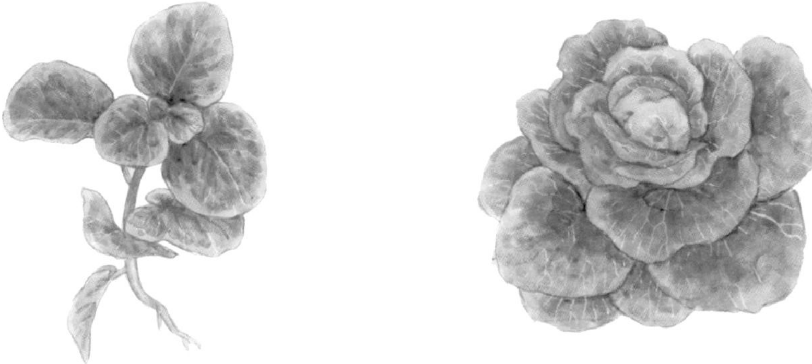

高麗菜（右），又名結球甘藍，與芥藍菜（左）（不結球甘藍），均屬甘藍種。

柑仔蜜

在台灣，番茄在北部、中部的俗稱是日文「トマト」，這是英文 Tomato 的音譯，但在南部的俗稱卻是「柑仔蜜」。多年來，我一直不解，番茄長得既不像柑橘，味道也不甜還有點酸，怎麼會取這種名字呢？

直到二〇一三年初，我與中研院台史所的朋友翁佳音聊天，他提到台語「柑仔蜜」（kam-á-bit）源自菲律賓語 **Kamatis**。哇！發音真的很像！我有點驚訝，馬上詢問我的菲律賓朋友，果然番茄的菲律賓語就叫 **Kamatis**。

後來，我有幾次應邀在台南、高雄場演講，我都問聽眾知不知道「柑仔蜜」一詞的由來？結果都沒人曉得。

台語「柑仔蜜」為什麼會源自菲律賓語？這要從歷史找答案，因為這與早年福建泉州人在海外活動、移民的地區有關。我們可以推論：泉州人把菲律賓呂宋的水果 **Kamatis** 帶回原鄉和南台灣，所以在金門、泉州稱為「柑仔得」，發音比台灣的「柑仔蜜」更接近 **Kamatis**。

番茄原產於中南美洲，在十六、十七世紀由葡萄牙人、西班牙人引進歐洲，最初只是觀賞，在十八世紀開始食用之後，才傳到亞洲來。

番茄在歐美的名稱都差不多，語源是中美洲古代「納瓦特爾語」（Nahuatl）的 Tomatl，西班牙文、葡萄牙文、法文、德文都稱之 Tomate，英文則稱 Tomato。番茄傳到亞洲，其阿拉伯文、印度文、印尼文、馬來文的名稱，都與歐洲語發音相近，日文「トマト」、韓文「토마토」也是從英文音譯而來。

在華人地區，番茄這種植物有幾種名字。「番茄」二字顧名思義，因為這種植物是茄科，而番有化外、外來之意，目前台灣的國語、香港的粵語（Fan-ke）都稱之「番茄」。但現在中國大陸一般都稱之「西紅柿」，這也說明是從西洋引進、長得很像紅柿的水果。在台灣，直到今天有的地方還以台語稱之「臭柿仔」，因為番茄植株的莖會分泌臭味及黏質。

回到「柑仔蜜」的主題。為什麼番茄的菲律賓語 Kamatis，與殖民母國西班牙語 Tomade，起頭的 K 與 T 會有差異呢？Kamatis 在菲律賓語是否另有意思呢？這兩個問題，我找不到答案，問了菲律賓人也說不知道。

後來，我在菲律賓語辭典上發現，對番茄的名稱，菲律賓唯一官方語言「他加祿語」（Tagalog）稱之 Kamatis，而菲律賓「宿霧語」（Cebuano）除了稱 Kamatis，也叫 Tamatis，並註明語源來自西班牙語 Tomate。以此來看，番茄的宿霧語 Tamatis，就接近西班牙語 Tomade 的複數 Tomates 了。

他加祿語是菲律賓北方呂宋島中、南部的語言，宿霧語則是菲律賓中、南部的語言。

早年西班牙人從墨西哥橫渡太平洋前往菲律賓，依路線是先到宿霧再到呂宋，所以菲律賓人對西班牙語 Tomade 的音譯，先有宿霧語再有他加祿語是合理的推論。

我做了推論：「柑仔蜜」源自菲律賓他加祿語 Kamatis，而 Kamatis 應該是宿霧語 Tamatis 的走音，語源仍是西班牙語 Tomates。

這個推論，我最後也得到一些確認。我問一位菲律賓廚師朋友，他說他們廚房裡有來自宿霧的同事，在口頭上就是稱番茄為 Tamatis，但一定寫成 Kamatis，因為 Kamatis 才是正式的菲律賓語。

因此，我可以做個「柑仔蜜」語源由來的結論：Tomates（西班牙語）→ Tamatis（菲律賓宿霧語）→ Kamatis（菲律賓他加祿語）→柑仔得（泉州）→柑仔蜜（台灣）。

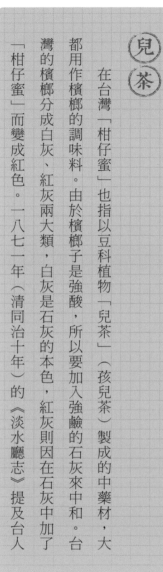

兒茶

在台灣「柑仔蜜」也指以豆科植物「兒茶」（孩兒茶）製成的中藥材，大都用作檳榔的調味料。由於檳榔子是強酸，所以要加入強鹼的石灰來中和。台灣的檳榔分成白灰、紅灰兩大類，白灰是石灰的本色，紅灰則因在石灰中加了「柑仔蜜」而變成紅色。一八七一年（清同治十年）的《淡水廳志》提及台人食檳榔：「蠣房灰用孩兒茶或柑仔蜜染紅，合浮留藤食之」，蠣房灰指海邊山上的石灰，浮留藤就是蔞藤，看來這就是「紅灰檳榔」的原型了。

豆科植物兒茶

芭樂（拔仔）

番石榴是入侵性很強的植物，原產於中南美洲，可以推定最早是由葡萄牙人、西班牙人在十六、十七世紀引進到世界各地的熱帶和亞熱帶地區。

番石榴的中文名稱，已說明這是外來、長得很像石榴的水果。番石榴與石榴哪裡相似？就是切開後裡面都有很多種子。

在台灣，番石榴又稱為「芭樂」，這是台式國語，源自台語、客語「拔仔」（pat-á）。

那麼「拔仔」又從何而來？

在清代文獻中，番石榴是官方名稱，但俗稱卻有「梨仔芆」、「莉仔芆」、「拔仔」、「扒」等，因此也有「拔仔林」、「拔仔埔」、「拔仔腳」的地名。日本時代的《台日大辭典》，稱之「林仔拔」、「拔仔」。日本時代文人連橫的《台灣通史》，稱之「奈芆」。目前的教育部《台灣閩南語常用詞辭典》，則寫作「林菝仔」、「林菝」、「菝仔」。由此可見，上述各種名稱的共同點是「拔」的音 pa̍t。

那麼「拔」（pa̍t）這個音從何而來？其實沒有肯定的答案，但番石榴葡萄牙文 **Goiabeira** 或 **Goiaba**，前者字尾 **beira**、後者字尾 **ba**，以及番石榴西班牙文 **Guayaba** 的字尾 **ba**，都可能是「拔」的語源。

這種情形很像高麗菜，清代的官方名稱是「番芥藍」，但民間保留了台語的俗稱「高麗」（ko-lê），而「高麗」的語源就是高麗菜的荷蘭文 **Kool**（發音近 kɔ:lə）或西班牙文 **Col**。

台灣最早的番石榴，台語稱之「土拔仔」，根據清代、日本時代文獻記載，番石榴「產山野間」、「不種自生」、「郊野遍生」，「有紅心、白心兩種」，果實「似石榴而小」，「雖非佳品，台人亦食之；味臭且澀，而社番則皆酷嗜焉」。這也就是說，這種以前漢人不愛吃的水果，卻是平埔原住民的最愛。

後來，台灣的番石榴經過改良或引進新品種，果實變大而脆，但在野外仍常見「土拔仔」，很多人覺得這種才有「拔仔味」呢！

百香果

百香果原產於南美洲的巴西、巴拉圭、阿根廷北部，在台灣中南部也很容易栽種，雖然果實酸味強，但很多人都直接食用，加糖的百香果汁也很受歡迎。

百香果的「百香」之名，很多人都以為來自香氣，其實百香果譯自英文 Passion fruit，Passion 是熱情的意思，但在此卻音譯為「百香」。不過，在中國大陸和香港，也有人意譯英文稱之「熱情果」。

百香果的花

百香果在植物學上屬西番蓮屬，在中國大陸一般也稱之西番蓮，以其外來植物、花朵盛開有如蓮花而得名，但在「蓮」之前連加「番」和「西」，以此來顯示外來種，卻很少見。

台灣在日本時代就引進百香果了，但大家有沒有注意，百香果的台語好像沒有正式的用詞，因為台灣各地對百香果有不同的名稱：有人以百香果長得像雞蛋，就稱之「雞卵果」。有人以百香果切開看到很多種子，有如木瓜，就稱之「番仔木瓜」。還有人以百香果的皺皮小球形狀，就戲稱「牛羼脬」（gû-lān-pha，牛的陰囊），我三十年前有一次去南投鄉下，還聽到有人稱之「番仔羼脬」。

根據日本時代的《台日大辭典》，當時百香果的台語稱為「時錶仔花」；另有人稱之「時計果」、「時鐘果」、「時鐘瓜」等。這些名字應該源自日文「時計草」。原來，日本人看百香果花朵的花萼及花瓣，有如鐘錶的面板，所以稱之「果物時計草」（クダモノトケイソウ，kudamonotokeisō），簡稱「時計草」。但是，現今日本人一般稱百香果為「パッションフルーツ」（passhonfurūtsu），這是英文 Passion fruit 的音譯。

根據王禮陽《台灣果菜誌》（一九九四年）的說法，百香果的「百香」是在台灣命名的。一九六〇年，台灣鳳梨公司率先推出果汁類飲料，其中有一種「西番蓮汁」，但覺得名字不太好聽，最後決定音譯英文 Passion fruit 而稱之「百香果汁」。此後，「百香果」之名定於一尊。

百香果最早是由西班牙人從南美洲引進歐洲，英文 Passion fruit 源自拉丁文學名 Passiflora，由當年西班牙在南美洲的傳教士所命名，但 Passiflora 的意思並不是熱情，而是耶穌受難之花。

原來，當年西班牙傳教士看到百香果花朵，就把這種花的特別構造，解釋為十字架、荊棘、釘子、傷痕、血跡等耶穌受難的象徵，並以此說明來幫助傳教，希望把原住民轉變為基督徒。

哈！一種水果的名字，可以從下體說到天堂，真是有趣。

咖啡

在台灣，咖啡的國語念作ㄎㄚ　ㄈㄟ（漢語拼音 kā fēi），台語和客語都念作 Kapi，起頭音是 Ka。但咖啡的日語「コーヒー」（珈琲，kōhī），馬來語、印尼語 Kopi，起頭音是 Ko。為什麼會有 Ka 和 Ko 兩種不同的發音呢？

咖啡原產於東北非，先傳到阿拉伯地區，經由土耳其傳到歐洲，再由歐洲人傳到亞洲。阿拉伯文咖啡的拼音 Qahwah（ka`hu:wa），成為歐洲文咖啡的語源。咖啡的發音在歐洲文有 Ka 和 Ko 兩種起頭，Ka 起頭的有葡萄牙文、西班牙文、法文 Café、義大利文 Caffè、德文 Kaffee 等；Ko 起頭的有英文 Coffee、荷蘭文 Koffie 等。

東南亞各國咖啡的起頭音，看來是跟隨殖民母國，例如：菲律賓文 kape 跟隨西班牙文 Café，印尼文 Kopi 跟隨荷蘭文 Koffie，馬來文 Kopi 跟隨荷蘭文 Koffie 或英文 Coffee，越南文 Cà phê 跟隨法文 Café。

談到這裡，就出現一個問題：咖啡的台語發音 Kapi，為什麼不是跟隨日語念作 Kōhī 呢？

我提出三個可能的原因：

第一、台灣雖然在日本時代才開始大規模生產咖啡，但在清末就有英商德記洋行前來種植咖啡，所以台語咖啡的發音可能來自英文。

第二、咖啡的英文雖然寫作 Coffee，卻有 kofi 和 kafi 兩種發音。

第三、台灣人早年與東南亞福建人往來，可能引進菲律賓文 Kape、馬來文和印尼文 Kopi。

針對我的看法，台語文工作者潘科元說，一九〇七年的《日台大辭典》、一九三一年的《台日大辭典》都收錄 Ko-pi 和 Ka-pi，可見兩種講法在日本時代都通行，到了戰後才全面改說 Kapi。

我認為，戰後咖啡的台語變成都講 kapi，可能是受到華語「咖啡」（ㄎㄚ　ㄈㄟ）

的影響。

談到這裡，又出現一個問題：咖啡的台語為什麼不念Kafi而念Kapi？fi為什麼變成了pi？

原因很簡單，因為台語的音沒有f（ㄈ），就轉成了p（ㄅ），所以念作Kapi。這種轉音的情形也發生在日語，日語的音也沒有f，就轉成了h，所以念作Kōhī。同理可證，馬來語、印尼語也轉音為Kopi。

新加坡、馬來西亞有一種賣咖啡、簡餐的Kopitiam，其實就是福建話的「咖啡店」（tiam是福建話、客家話的店）。我曾在吉隆坡的Kopitiam喝白咖啡，想到台灣在日本時代也有藝文沙龍形式的「珈琲店」，但戰後都改稱「咖啡廳」了。

咖啡小史

最後再談一下台灣早年種植咖啡的歷史。網路有資料說台灣在荷蘭時代就已引進咖啡，但我問過中研院台史所鑽研台灣荷蘭時代歷史的翁佳音，他說未在當時荷蘭文獻中看到台灣種植咖啡的資料。

《福爾摩沙島的過去與現在》（一九〇三年出版，作者James Davidson是美國記者、首位美國駐台領事）一書的譯注者陳政三說，根據一八七七年及一八七九年英國駐台領事的報告，清代福建官員曾在南台灣山區試種咖啡，結果失敗；到了一八九〇年，英商德記洋行也在北台灣試種咖啡，結果有幾株長成；但台灣真正的咖啡產業，從一八九五年以後的日本時代才開始。

台灣食物的東南亞外來語

蓮霧

蓮霧是台灣最受歡迎的水果之一，還有一個美麗、詩意的中文名字，讓人想不到「蓮霧」二字其實源自馬來文、印尼文 **Jambu** 的台語音譯 **lián-bū**。

蓮霧是原產於馬來群島的熱帶水果，可能在十七世紀就由荷蘭人從印尼引進台灣。十七世紀初，荷蘭人從歐洲前來亞洲，先在印尼雅加達設立亞洲總部，然後再到台灣台南設立貿易基地（一六二四年至一六六二年），與中國、日本做轉口貿易，並在台南一帶發展蔗糖、稻米等殖民農業。當年荷蘭人從南洋引進很多植物到台灣，包括來自印尼的 **Jambu**。

在清代文獻中，**Jambu** 有很多台語音譯的名字，包括發音相近的「暖霧」、「軟霧」、「翦霧」、「剪霧」、「染霧」、「璉霧」、「輦霧」、「蓮霧」、「南無」等，雖然最後以「蓮霧」通行，但「剪霧」、「染霧」的音其實更接近 **Jambu**。

清代文獻形容蓮霧：「大如蒜，蒂銳頭圓，形似石榴，瑩潤可愛；味清甘，略同蘋婆」，就是說味道有點像蘋果。其實，英文也以蘋果來稱呼蓮霧，蓮霧的英文名字就有Wax apple、Rose apple、Water apple、Cloud apple、Mountain apple 等。

日本時代台灣文人連橫在《台灣通史》形容他當年所見的蓮霧：「南無，或稱軟霧，譯音也。種出南洋……樹高至三、四丈，葉長而大。春初開白花，多髭，結實纍纍，大如茶杯。有大紅、粉紅、大白、小青四種。味甘如蜜。夏時盛出。台南最多，彰化以北則少見。」

台灣南部屬熱帶氣候，本來適合種植蓮霧，加上優良的農業技術，在戰後陸續種出暗紅色、水分多、又甜又脆又大的「黑珍珠」、「黑鑽石」、「黑金剛」等品種，成為台灣的高級水果。

檳榔

台灣的農作物產值，檳榔與稻米一向排在前兩名，所以台灣野外有很多檳榔樹，街道有很多檳榔攤店，到處有很多人吃檳榔。但是，由於檳榔與致癌被畫上等號，我們因而忽略了檳榔的歷史與文化。

檳榔是熱帶棕櫚科常綠喬木，原產於馬來西亞，馬來語稱之Pinang。今天，在馬來西亞馬來半島的西北方，還有一個以檳榔為名的島嶼都市「檳城」，馬來語 **Pulau Pinang** 即檳榔之島，舊名就是「檳榔嶼」。中文的「檳榔」一詞，就是馬來語 **Pinang** 的音譯。

在南亞、東南亞及華南地區，吃檳榔已有兩千多年的歷史。在台灣，政府衛生部門長期實施「檳榔防制」政策，宣導口腔癌、食道癌患者與嚼食檳榔有關，但在宣傳文談到「台灣嚼食檳榔的歷史」，指出「漢人移民台灣，發現原住民嚼食檳榔塊，入境隨俗」，則是錯誤的說法。

根據中研院史語所研究員林富士的檳榔文化史研究，中國自漢朝就傳入吃檳榔的習俗，後來南洋、中南半島各國向中國進貢的物品中就有檳榔，隋唐以後中國人甚至以吃檳榔來炫耀身分和財富，韓愈、蘇東坡、朱熹等名士也都成了檳榔族。

另根據歷史記載，唐玄奘當年在印度那爛陀寺留學取經時，寺方每天供養他二十顆檳榔子、一百二十枚荖葉。

林富士表示，中國醫家很早就把南方的檳榔納入本草世界中，並開始研究、配製以檳榔為主要成分的藥方；到了明代，醫界普遍認為檳榔可以防治瘟疫，在李時珍《本草綱目》中，檳榔主治的疾病包括傷寒熱病、瘟疫、霍亂、痢、瘧、瘴癘、諸蟲（寄生蟲）等，這些疾病已涵蓋現代所說的「傳染病」。

不過林富士說，有些醫家雖不否定檳榔有緩解瘴癘功用，但也認為經常食用會導致「臟氣疏洩」，所以不應該為了預防感染而吃太多檳榔。

因此，台灣閩粵移民在原鄉本來就有吃檳榔的習俗，並認為檳榔可以「解瘴氣」。台灣原住民更有悠久的檳榔文化，檳榔除了應酬、送禮、訂親、賠罪等用途外，還扮演人與超自然之間「通靈」的媒介。

在台灣，交通幹道上常見檳榔攤，主要顧客是貨車司機，檳榔攤業者為了競爭，就裝設櫥窗、霓虹燈，並找年輕、貌美、身材好的女子來賣檳榔，衣服也愈穿愈少，後來被新聞媒體稱為「檳榔西施」（西施是中國歷史春秋時代的越國美女，在中文也是美女的代名詞）。

為什麼貨車司機特別愛買檳榔？因為貨車司機經常長途開車，他們認為嚼食檳榔可以提神。這符合《本草綱目》形容檳榔的功效：「醒能使之醉，醉能使之醒，飢能使之飽，飽能使之飢。」

台灣的檳榔分成白灰、紅灰兩大類，為什麼檳榔要加石灰才能吃呢？因為檳榔子（檳榔青，被誤寫成檳榔菁）是強酸，所以要加入強鹼的石灰來中和。白灰是石灰的本色，紅灰則因在石灰中加了「柑仔蜜」（以豆科植物「兒茶」〔孩兒茶〕製成的中藥材）而變成紅色。

檨

台灣的芒果非常好吃，芒果冰也是一絕。芒果的台語叫「檨」（suāinn）、「檨仔」，多年來我一直找不到確認的語源，目前只知中國閩南語系的漳州、泉州、潮州語發音差不多，並找到芒果的越南語發音接近稱之Xoài，柬埔寨高棉語的發音也是svay。

芒果原產於印度，在兩千多年前就傳到東南亞。芒果早年印度梵文名字的發音āmra，在中國佛經中可以找到漢字音譯的「菴羅」、「菴摩羅」、「菴婆羅」、「菴沒羅」等。今天，芒果的印度語發音aam、孟加拉語發音āma、斯里蘭卡語am̆ba也都諧音。

目前全世界大都跟隨英文而稱芒果為Mango，而Mango可能源自印度南方的泰米爾語（Tamil language），這種語言現在還通行於東南亞的新加坡、馬來西亞。

芒果的泰米爾語發音māṅkāy，可拆成兩半來看：māṅ的音接近芒果印度語的音aam，就是水果的名稱，而kāy在泰米爾語則是水果的意思。我們可以推論，泰米爾語芒果的發音māṅkāy傳到了東南亞，所以馬來語、印尼語、菲律賓語對芒果的稱呼都是諧音Mangga。此外，芒果泰國語的mam̀wng、寮國語的音makmuang，應該也都源自māṅkāy。

到了十六世紀之後，最先從歐洲到東南亞的葡萄牙人，把芒果及其在東南亞的名子

Mangga帶回到歐洲。在歐洲，芒果的葡萄牙文Manga，西班牙文、荷蘭文、英文則是Mango。最後，Mango成了全世界對芒果最普遍的名字。

芒果的名字，相對於上述的語源系統，另一個語源系統就是閩粵語的「檨」，以及諧音的柬埔寨高棉語、越南語Xoài了。

根據台灣的清代文獻，中國的芒果最早產自台灣，稱之「檨」或「番檨」。清康熙五十八年（一七一九年），福建巡撫呂猶龍曾將台灣「番檨」進貢給康熙皇帝，還寫了奏摺介紹一番。結果康熙皇帝大概沒有試吃，就批示說，因從未見過「番檨」，所以要看看，「今已覽過，乃無用之物，再不必進。」

說來好笑，台灣在清代時，芒果就是很重要的水果，很多有錢人都會在家裡種棵芒果樹，台灣也有不少「檨仔林」、「檨仔腳」的地名，當時種植芒果還有繳稅，而康熙皇帝卻說芒果是「無用之物」。

「檨」這個字從何而來？一般也都說在台灣創造出來的。日本時代台灣文人連橫在《雅言》書中說：「台灣之檨字，番語也，不見字典，故舊誌亦作番蒜，終不如檨字之佳。」

我們或可推測，當年在為suāinn這個音造字時，以發音相近的「羨」（siān，suàn）字，加「木」字邊（芒果樹很大），就成了「檨」字；另有人用「蒜」（suàn）

字，但後來以「檨」字通行。

連橫在《台灣通史》又說：「檨：即檬果，種出南洋，荷人移植」，所以一般都認為「檨」這個字的語源可能來自東南亞，就像「蓮霧」源自馬來文、印尼文Jambu，由荷蘭人引進台灣。但如上述，芒果的馬來文、印尼文、菲律賓文都是Mangga。

有關「檨」的語源，我曾在網路上看到有人說是源自豬的英文Swine（與德語Schwein、荷蘭語Zwijn諧發）。怎麼說呢？因為芒果以前在東南亞是用來養豬，荷蘭人引進台灣最初也是養豬用的。

我馬上問中研院台史所翁佳音，他立刻說不對，因為當年台灣的荷蘭文獻中已有芒果樹的紀錄，荷蘭文稱之Vangagsbomen（Mango tree）。

對傳入中國的芒果，十七世紀在中國（主要在廣西）的耶穌會波蘭籍傳教士卜彌格（Micha Boym），他在一六五六年出版的《中國植物志》書中，用圖文介紹在中國生長的芒果，以Manko對應漢字「曫」。

我查了中文辭典，「曫」（ㄌㄨㄢˊ）直接的意思是黃昏，是不是說芒果的顏色像黃昏呢？但《說文解字》說「曫音如蠻」，那麼「曫」就可能是Manko的音譯。

此外，我看明李時珍《本草綱目》的果部中也提到芒果：「菴羅果，樹生，若林檎而極大……色黃如鵝梨，纔熟便鬆軟。」「菴羅果俗名香蓋，乃果中極品。種出西域……

五、六月熟……今安南諸地亦有之。」

這段文中，有一句「菴羅果俗名香蓋」，這「香蓋」二字，如果用切韻（古時以兩字之音拼合成一字讀音的注音方式）來讀，似乎接近越南語 **Xoài** 或台語「檨」。另有一句「今安南諸地亦有之」，就是說越南也有這種水果。

以此來看，越南語 **Xoài** 可能出自中國南方對芒稱的俗稱，但也可能正好相反。於是，我去請教在政大教授越南語的越南裔台籍老師陳凰鳳（越南名 **Tran Thi Hoang Phuong**），她說越南語 **xoài** 應該是外來語，但與中國無關，建議我往印度方向尋找語源。我去找了，但只找到與越南相鄰、關係密切的柬埔寨高棉語對芒果的發音是 **svay**。

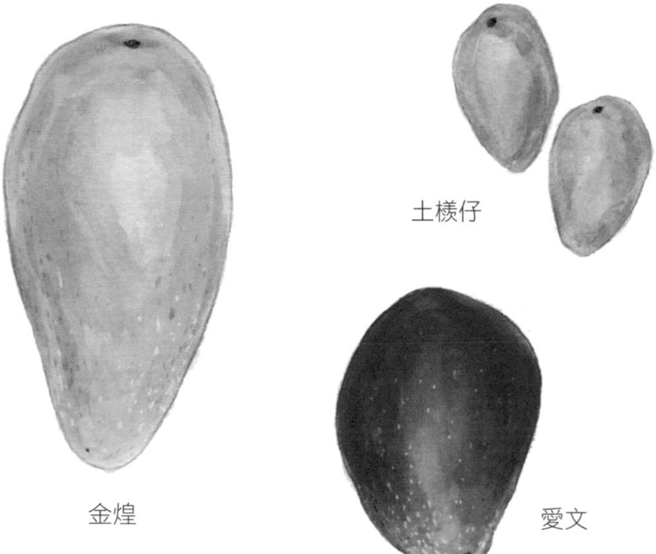

哈！「樣」的語源真的很難找，或許源自早年南亞、東南亞的一種方言吧！

今天，台灣的芒果有很多品種，除了最早的「土樣仔」之外，主要是一九五四年自美國佛羅里達州引進的「愛文芒果」（Irwin），以及一九六六年高雄果農黃金煌培育成功的「金煌芒果」，都非常香甜好吃。

在台灣以當季新鮮芒果、芒果剉冰、芒果冰淇淋做出來的「芒果冰」，更是很多台灣人及外國觀光客的最愛。

最後補充一點，台語如果說有人「生樣仔」，則指此人得了一種性病，因腹股溝淋巴腺發炎及腫大有如「樣仔」而得名。

釋迦

我當英語導遊帶歐美旅客在台灣環島時，他們常說想吃Sugar apple，還知道在台灣稱之Buddha's head fruit，原來說的是釋迦。我查詢農委會英文網站，才發現台灣現在是全世界最大的釋迦產地。

釋迦原產於熱帶美洲及附近的西印度群島，在十六世紀以後由葡萄牙人和西班牙人引進到全世界熱帶地區種植，在各地有不同的名稱。釋迦在中國大陸稱為「番荔枝」，最早在廣東種植，廣東話叫「番鬼荔枝」，以這種外來水果在未成熟時長得很像荔枝而得名。

在台灣，中文文獻說釋迦在十七世紀由荷蘭人自印尼引進，但其實也可能由葡萄牙人或西班牙人間接或直接帶到台灣。這種水果的外表很像布滿突起的小肉瘤，有如釋迦牟尼佛像的頭部，所以台語稱之「釋迦」，又稱「佛頭果」。

日本時代台灣文人連橫在《台灣通史》中說：「釋迦：種出印度，荷人移入。以子種之二、三年則可結實。樹高丈餘，實大如柿，狀若佛頭，故名。皮碧，肉白，味甘而膩。夏秋盛出。」這段文中的印度，應該是印尼才對，印尼的全稱是「印度尼西亞」，也被稱為「荷屬東印度」。

不過，釋迦的印尼文 Srikaya，與台語釋迦（sik-khia）發音相近，所以也有人認為釋迦之名最早可能源自印尼文。

台灣的高雄、屏東、台東都種植釋迦，有很多不同品種，以台東產量最多、品質最優。其中有一種果實較大、果肉較 Q 的「鳳梨釋迦」（又稱「旺來釋迦」），一般以為是鳳梨和釋迦雜交而成，其實此一品種最早是在美國佛羅里達州育成，以釋迦和另一種也是美洲熱帶水果 Cherimoya（冷子番荔枝）雜交，英文稱之 Atemoya。

台灣食物的日本外來語

山葵

山葵就是吃生魚片等日本料理時，那種綠色、嗆鼻的佐料。山葵是山和葵兩個中文字，但在中文辭典卻找不到「山葵」一詞，因為這是日文的「和製漢語」。

日文漢字對「山葵」的讀音也很特別。日文漢字「山」的訓讀是「やま」（yama），「葵」的訓讀是「あおい」（aoi），但「山葵」並不是把「山」和「葵」二字的訓讀合起來讀，而是讀成「わさび」（wasabi）。這種訓讀在日文文法稱之「熟字訓」，不同於一般以每個漢字為單位的訓讀，而是以兩個或以上的漢字組成「熟語」為單位的訓讀。

然而，現在日本人已較少使用漢字的「山葵」，一般使用平假名的「わさび」（wasabi），在植物學上則使用片假名的「ワ

山葵

サビ」（wasabi）。但在台灣，卻常見使用日文漢字「山葵」的寫法，也有人音譯寫成「哇沙米」。

山葵屬十字花科植物，原產於日本的山谷，日本人以其長在深「山」、葉子像「葵」而得名。山葵在日本栽種已有一千多年歷史，成為日本料理最具代表性的調味料。

山葵主要是把根莖部磨成泥再食用，一般可買到山葵的醬或粉，但高級的日本料理餐廳常提供整株新鮮山葵讓客人現磨。台灣在日本時代引進日本山葵在阿里山區種植，再回銷日本。目前，阿里山區仍生產台灣品質最好的山葵，並大都銷到日本。

在台灣，山葵常被誤稱為芥末，其實芥末是用芥菜種子研磨的粉末，一般芥末醬是黃色。

山葵的英文可直接使用日文羅馬拼音字 Wasabi，也稱為 Japanese horseradish（日本辣根）。芥末的英文則是 Mustard。所以請記得，吃壽司要蘸山葵，吃熱狗才加芥末。

芥末

林檎

我當導遊向外國旅客介紹台灣，一定會提到台灣的生物多樣性。我常用的說詞是：台灣不但有香蕉，也種得出蘋果，而且台灣的「蜜水果」非常香甜好吃。

台灣所在的緯度，有北回歸線經過（嘉義和花蓮），以南是熱帶，以北是亞熱帶。台灣有三分之二是山地，更有很多高山，海拔愈高，溫度愈低。因此，台灣雖是小島，卻擁有世界上所有的四種氣候：熱帶、亞熱帶、溫帶、寒帶，所以植物和動物的種類繁多，不但生產熱帶的香蕉，也生產溫帶的蘋果。

對於蘋果的名字，我從小都跟著大人稱之 lîn-gòo，慢慢也知道這是日文。後來，我是看到日本進口蘋果的箱子上寫著兩個大字「林檎」，才發現這是日文漢字，念作「リンゴ」（ringo）。

蘋果是薔薇科蘋果屬植物，原產於歐洲、中亞，可能由蒙古人從西域傳入中國。中國人借用印度梵語佛經所記載「色丹且潤」的「頻婆果」來為蘋果命名，但其實兩者是不同的水果。

在中國，以梵文音譯的「頻婆」，也有寫作「蘋婆」、「平波」、「平坡」等，到了明代才以「蘋果」流傳。中國南方有一種錦葵科植物叫「蘋婆」，又稱鳳眼果，則與蘋果不同。

我很好奇，日文使用大量外來語，蘋果的英文叫 Apple，中文叫蘋婆（蘋果），為什麼日文不用來音譯，卻使用日文漢字稱之「林檎」？

原來，中國以前有一種類似蘋果但長得較小的水果叫「林檎」。根據明李時珍《本草綱目》對「林檎」一詞的解釋：「此果味甘，能來眾禽于林，故有林禽、來禽之名」，「氣味酸、甘，溫，無毒」。

以此來看，日本在引進蘋果時，因日本也有同屬異種的野生種蘋果，就以漢字寫成「林檎」，「檎」的漢音本來是 kin，但以慣用音念為 go。

台灣在日本時代，日文「林檎」（ringo）融入了台語，但也有些地方的台語念作「蘋果」（phông-kó，phōng-kór）或「瓜果」（kua-kó）。

牛蒡

很多人本來以為牛蒡是牛的某個部位，其實牛蒡是菊科牛蒡屬植物，可食又營養。

日本人視牛蒡為日常的蔬菜，並影響了台灣人吃牛蒡的習慣。但現在日本大都不用漢字「牛蒡」，而使用片假名「ゴボウ」（gobō）。在台灣，則使用日文漢字「牛蒡」，華語發音ㄋㄧㄡˊ ㄅㄤˋ，但台語發音仍是日文的gobō。

在中國，雖然也產牛蒡，但一般不把牛蒡當成蔬菜，主要是以牛蒡的根、種子入藥，在中醫具有降火解毒的功用。明李時珍《本草綱目》記載：「牛蒡古人種子，以肥壤栽之。剪苗汋淘為蔬，取根煮曝為脯，云甚益人，今人亦罕食之。」另外，有人知道牛蒡非常營養，所以稱之「東洋參」、「東洋牛鞭菜」。

日本是全世界最愛吃牛蒡的民族，但飲食的差異卻可能造成誤會。在太平洋戰爭期間，日軍在東南亞、台灣等地設有「俘虜收容所」，以收容英軍、美軍等的俘虜。戰後，這些歐美俘虜在回憶錄中說，當年日軍曾強迫他們吃草、樹根。

後來經過歷史研究，才知道當年日軍給他們吃的其實是牛蒡。

今天，台灣的牛蒡料理常見日式的涼拌牛蒡絲，也有台式的牛蒡排骨湯。

秋葵

秋葵在台灣成為常見的蔬菜，應該是一九九〇年代以後的事。我當記者時的採訪對象果菜專家王禮陽，他在一九九四年出版的《台灣果菜誌》並未提到秋葵。

秋葵在台灣開始受到歡迎，可能受到日本料理的影響。我第一次吃秋葵，就是日本餐廳的「野菜天婦羅」，非常嫩滑可口。然後，我在菜市場看到生的秋葵，才了解為什麼英文俗稱秋葵為Lady's fingers（美人指）！

後來，我還吃過加了秋葵的印度、東南亞咖哩料理。聽說還有一種西式的「秋葵濃湯」，以用秋葵的黏液來增加湯的濃稠。

秋葵的原產地有東北非、西非、南亞的爭議，正式的英文名稱是Okra。日本在明治時代初期引進秋葵，日文以英文名稱音譯為「オクラ」（okura），另也以漢字寫成「秋葵」。

有人說中國的秋葵從日本引進，但也有人說中國早就有秋葵，不但南宋有〈秋葵圖〉，明李時珍《本草綱目》也有記載。

我看了《本草綱目》在草部記載的「葵」，釋名為「露葵」、「滑菜」，又說「六、七月種者為秋葵，八、九月種者為冬葵，正月復種者為春葵」，最後說「今不復食之」，

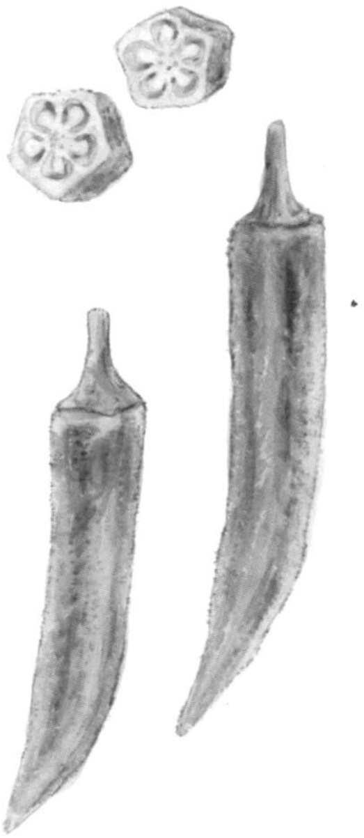

所以才從菜部移到草部。

我整理一下，中國古代的「葵」菜，雖然也稱秋葵，但正式的名稱可能是冬葵；雖然與現在所說的秋葵同屬錦葵科植物，而錦葵科植物的特徵就是有黏液，以及掌狀脈的單葉，但兩者雖同科卻不同屬。

其實，中文的「葵」、「葵花」，主要是指菊科的向日葵。至於菜類的「葵」字從何而來？《本草綱目》解釋：「葵者，揆也。葵葉傾日，不使照其根，乃智以揆之也。」

在台灣，從清代到日本時代，「秋葵」（台語音 **chhiu-kûi**）指的都是向日葵。有人以台語「烏骨仔」（**oo-kut-á**）來稱秋葵，這是從日文「オクラ」（**okura**）而來。

中文的秋葵俗稱「羊角豆」，但台灣從清代、日本時代到今天，台語的「羊角豆」（**iû-kak-tāu**）被歸為藥類，指可明目的「決明子」。

壽司

壽司堪稱日本料理的代表，而且已經風行全世界，所以壽司日文平假名「すし」的羅馬拼音字 **Sushi**，已被視為英文而收錄到英文辭典。

日文壽司的漢字，也常見使用「鮨」、「鮓」，發音都與壽司一樣。

壽司的作法，把剛煮熟的米飯，加入醋、糖、鹽等調味，等降溫之後，再加上魚肉、海產、雞蛋、海菜、蔬菜等食材做成。壽司在日文的本意就是酸味，可增添味道，並抑制米飯腐敗。

在日本，壽司因使用的食材、作法、形狀等差異，而有不同的名字，包括「巻き壽司」、「握り壽司」、「押し壽司」，以及「海苔巻き」、「稻荷壽司」、「手毬壽司」等，很多地方還有各自的特色壽司。

台灣在日本時代就引進壽司，但大概種類較少，台語一般稱之「醋飯箍」，吃不習慣的人還戲稱「臭酸飯」。

沙西米

生魚片是很特別的生食日本料理，在全球廣為人知，所以生魚片日文平假名「さしみ」的羅馬拼音字Sashimi，已被收錄到英文辭典。

「さしみ」（sashimi）的漢字是「刺身」，「身」有身體、肉塊的意思，而生魚片是用切的，那麼不是應該叫「切身」嗎？為什麼叫「刺身」呢？

原來，「刺」這個字是創造出來代替「切り」（kiri，切的意思），因為在日本文化中，

「切腹」是武士的專利和榮譽，如果不是武士而使用「切り」一詞，傳說會不吉利。

在日本，「刺身」一般指把新鮮海魚、海產切成片狀，再蘸醬油、山葵、味噌、桔醋等食用，但其他肉類如果切成片狀食用，也可以稱為「刺身」。

日文「刺身」的中文，一般稱之生魚片或「魚生」。在台灣，台語稱生魚片仍沿用日語「さしみ」（sashimi）的音，但也常見音譯為「沙西米」。二〇一五年，台灣還有一部由李康生與日本 AV 女優波多野結衣主演的電影叫《沙西米》。

味噌

味噌是日本料理最常見的烹飪佐料，在世界上也有知名度，所以味噌日文平假名「みそ」的羅馬拼音字 miso，已被收錄到英文辭典。

在日本，味噌指以豆、米、麥、鹽、酒等原料發酵而成的食物，各地作法不同，依顏色可分成「赤味噌」、「白味噌」兩大類。味噌一般當成調味醬料使用，常見的味噌料理有「魚味噌」、「豚味噌」等。

「味噌」是日本人創造的日文漢字用詞，所以在傳統中文辭典中找不到。在台灣，味噌的台語沿用日文 miso，但台式國語念成ㄨㄟˋ ㄘㄥ，卻忘了「噌」在中文是責罵的意思。

在日本，對這種發酵調味醬料的由來有不同說法。有人說是直接源自中國的豆瓣醬，但有人說是中國經由韓國（高句麗）傳到日本，韓文以漢字音譯寫成「密祖」，日文的拼音是「みそ」（miso），後來就以日文諧音的漢字寫成「味噌」。

日本家庭料理最常煮的湯食「味噌汁」（みそしる，misoshiru），在台灣寫成「味噌湯」，也是很受歡迎的湯食。

味素

我有次在一家小店用餐，聽到有客人在門口叫外帶說：「我要一碗味噌湯，不要加味噌！」

咦！這是不是像以前聽過「蚵仔煎不要加蚵仔」的笑話？我邊吃邊想：味噌湯如果不加味噌，那不就是豆腐湯嗎？

付錢時，我忍不住問老闆娘，她笑著說，客人不是說不要加「味噌」，而是說不要加「味素」，就是說不要加「味精」啦！

啊！我很少聽到有人用國語講「味素」，一般都說「味精」。「味素」其實是台語，念作 bī-sòo，或說「味素粉」（bī-sòo-hún）。那麼台語的「味素」從何而來？大家很容易就想到日本。沒錯！這種調味料就是日本人發明的。

二十世紀初，日本化學家從海帶、柴魚片中發現了「麩胺酸鈉」的獨特味道，命名「鮮味」，並申請專利、開始生產這種食品化工的調味料，在思考廠牌名稱時，聽說有考慮過「味精」，但最後選定「味の素」（AJI-NO-MOTO）。

西方傳統認為舌頭上味蕾所能感受到的「味覺」，本來只有四種：酸、甜、鹹、苦，後來就增加了日本人發現的第五味：「うま味」（日文漢字「旨味」，中文譯為鮮味）。因此，現在的五種味覺是：酸、甜、鹹、苦、鮮。

中國傳統也有「五味」之說，即甜、酸、苦、辣、鹹，但其中的辣味，其實並不是只有味蕾才能感受到的「味覺」，而是身體所有神經感覺的部位都能感受到的「痛覺」。我有切辣椒之後，忘了洗手就去小便的經驗，害得那隻鳥也被辣到。

台灣在日本時代引進「味の素」，台語就從中吸取了「味素」的新詞彙，並成為後來味精類產品的代名詞。這很容易理解，首創又暢銷的食品品牌，常成為這種食品的代名詞，就像台灣早年都稱速食麵為「生力麵」，因為這是台灣第一家速食麵品牌。

在「味の素」之後，日本還有一個著名的味精品牌「烹大師」（HON-DASHI），在台灣也有知名度。

阿給

新北市淡水老街的著名小吃「阿給」，這個奇怪的名字，源自油炸豆腐的日文「油揚げ」（あぶらあげ，abura-age）中 age 的中文音譯。

「阿給」的作法，以油炸豆腐皮包入炒過的粉絲餡料，以魚漿封口後蒸煮而成，吃時再淋上甜辣醬等醬汁。

這種作法類似基隆的著名小吃「豆乾包」，選用三角形的炸豆腐，從中間切開，填入炒過的碎豬肉等餡料，以魚漿封口後蒸熟，一般做成湯食，吃時加些冬菜，撒些芹菜末、胡椒粉。

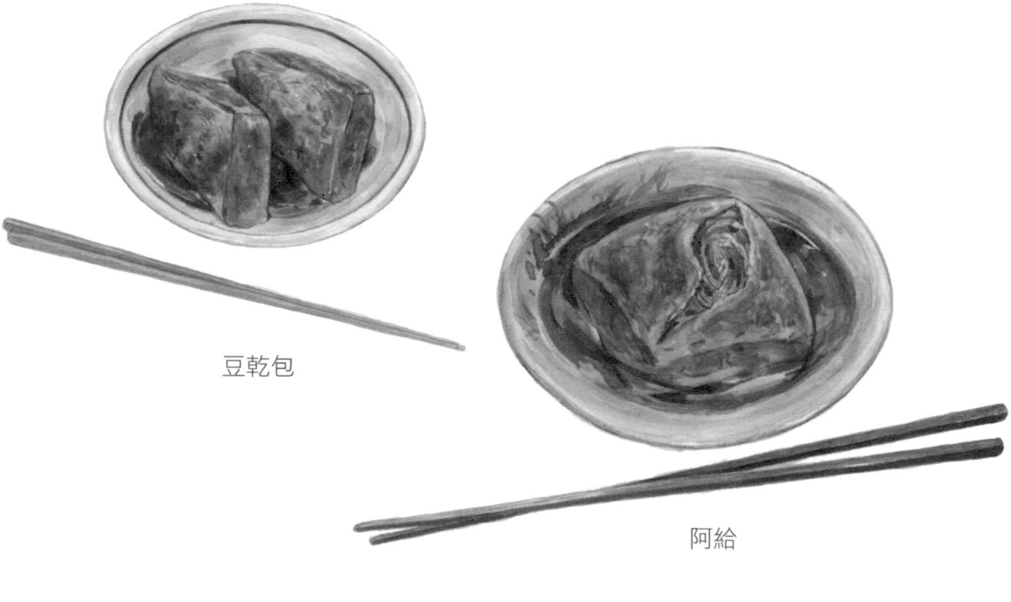

豆乾包

阿給

黑輪

台灣夜市、便利商店常見的日式小吃「黑輪」一詞，源自台語「烏輪」（oo-lián），但這種食物看來既不黑也不像輪子，原來這是日語「おでん」（御田，oden）的音譯。

這種日本煮物料理，一般是以日式的昆布、柴魚、牛筋為湯底，用來煮雞蛋、豆腐、蘿蔔、蒟蒻、高麗菜捲、魚漿製品等，再蘸味噌等醬汁來吃，在日本關東稱之「おでん」（御田，oden），但在關西則稱之「關東煮」（かんとだき，kantodaki）。至於「御田」一詞的由來，可能源自早年日本農村慶祝豐收在田邊吃的「田樂」，後來加了敬語變成「御田樂」，最後簡稱「御田」。

所以，台灣市面上賣的「黑輪」、「關東煮」，其實是一樣的小吃。當然，就像有日本料理在台灣在地化變成台式日本料理，所以台灣的台式關東煮，不但有與日本不同的食材像貢丸、豬血糕等，還有麻辣口味呢。

台灣的「黑輪」小吃，最早在中南部較多。一九九〇年，台灣歌手林強推出第一張台語專輯《向前走》，並走搖滾風格，其中有一首〈黑輪伯仔〉，唱著：「基隆港邊的鐵路下，有一個下港來的老阿伯，他細漢甘苦嘛真壞過，推車出外在賣黑輪……」這首歌走紅後，不但使「黑輪」小吃風行全台，「黑輪」一詞也成為流行的台式國語。

後來，「黑輪」還被開玩笑用來指因熬夜、畫眼妝所形成的黑眼圈，「被黑輪」就是戲稱眼睛被打了一拳。

日本便利商店「ローソン」（Lawson，羅森）進入中國市場後，也引進「御田」小吃，並以中文音譯為「熬點」。

吉古拉

基隆有一種烤魚漿小吃叫「吉古拉」，這個奇怪的名字，源自日本常見的魚肉加工食品「竹輪」（ちくわ，chikuwa），但發音有點走音了。「氣哭娃」最準，哈！

日本「竹輪」的傳統手工作法，把魚肉泥、蛋白、澱粉等混合調味之後，裹在一根一根約筷子長的細竹管或細木棍，加以抹勻，以火烤熟後，抽出竹管或木棍，就是中空、圓筒狀的成品，表皮會有火烤的焦黃和皺紋。

「竹輪」可以用烤或蒸，並因魚肉種類、厚薄和形狀等的不同，而有各自的特色。

基隆的「吉古拉」大都做得較薄，在基隆的米粉湯、米篩目、廣東麵、肉焿麵等當作配菜，燙軟、切塊、蘸醬吃。

涮涮鍋

台灣人很愛吃火鍋，市面上有各種火鍋店，最普遍而且還提供單人鍋的應該就是「涮涮鍋」了。

這個「涮」字，有人查了中文字典，根據「涮羊肉」的讀法而念作ㄕㄨㄢˋ，但也有人有邊讀邊而念作「刷」。但我是故意念作「刷」，因為我認為「刷」的音比「涮」有力，我們不是常說「刷卡」嗎？

我有個朋友，每次我講到「刷刷鍋」，他就要指正是「涮涮鍋」。後來我再查字典，原來「涮」也有清洗的用法，例如涮碗碟、涮杯子，這樣跟「刷」不就差不多了嗎？哈哈！

「涮涮鍋」的名稱從何而來？從吃法及念法來看，無疑就是源自日本的「しゃぶしゃぶ」（shabu shabu）火鍋，因為有些店的招牌也寫著「日式涮涮鍋」。

日本人雖然知道台灣的「涮涮鍋」源自日本，但很好奇台灣竟然提供「一人用の鍋」。我有一位日本朋友來台灣時，還特別請我帶他去吃看看。

那麼日本「しゃぶしゃぶ」的名稱又從何而來？原來，這是一九五二年大阪一家餐廳為自家火鍋料理的命名，因為受到歡迎，所以在一九五五年登錄商標。

日本傳統的火鍋料理則是「すき焼き」（鋤焼，sukiyaki），中文稱之「壽喜燒」，這種火鍋沒有湯底，而是以醬油、味醂、糖所調合的醬汁來煮牛肉、蔬菜等食材。

我有次到日本旅遊，一群人被招待去吃日本火鍋。日本主人特別同時點了「しゃぶしゃぶ」和「すき焼き」，讓我們品嘗兩種日本火鍋的特色。

至於「しゃぶしゃぶ」命名的由來，一般認為源自中國北京「涮羊肉」三字中「涮」字的音。其實，日本人早在占領中國東北、北京期間，就把「涮羊肉」的吃法帶回日本了。

以此來看，台灣人創造的「涮涮鍋」這三個字，其實是中文和日文的合體，這也算是台灣文化常見結合中日文化的表現了。

台灣食物的古漢語

有語言學家認為，閩南語、客家語、廣東語都比北京語更接近中國古漢語。其實，我們從台語的飲食用詞中，就可找到中國古漢語。

枵：肚子餓的台語叫「腹肚枵」（pak-tóo-iau），這個「枵」字就是古漢語，空虛的意思。中文成語「枵腹從公」，就是說餓肚子還在辦公事，比喻勤於公事。

鼎：煮飯的鍋子台語叫「鼎」（音 tiánn），鍋蓋叫「鼎蓋」（tiánn-kuà）。鼎是中國古代烹煮用的金屬器具，一般是圓腹、三足兩耳，常見的是銅鼎。

箸：吃飯用的筷子台語叫「箸」（音 tī 或 tū），日文漢字也寫作「箸」（音 hashi）。箸是中國古代對筷子的稱呼，「杯箸」就是杯盤碗筷。唐詩人李白的〈行路難〉：「金樽清酒斗十千，玉盤珍羞直萬錢。停杯投箸不能食，拔劍四顧心茫然。」

以下是仍保存古漢語的台語食物名字：

秫米

糯米的台語叫「秫米」（tsu̍t-bí），糯米飯就是「秫米飯」。《說文解字》：「秫，稷之黏者」，就是說「秫」是帶有黏性的穀物。

古漢文的「秫」，在中國一些地區也被用來指高粱，秫米就是高粱米，因為高粱也是帶有黏性的穀物。

黍仔

我以前聽說有一首走紅全中國的歌叫〈老鼠愛大米〉（二〇〇四年出現的網路歌曲），當時我還不知道「大米」是什麼米？後來有一位北京朋友回答我的問題：大米就是我們吃飯的米啊！

在我的童年時代，我也沒聽過「小米」，直到長大很久以後，才在台北吃到小米粥。啊！原來那一粒一粒小小黃黃的就是小米。咦！這不就是以前阿公叫我去鳥店買來餵白文鳥的 sé-á 嗎？

當然我後來都懂了，一般的米是水稻，小米則是旱稻，水稻的殼粒比旱稻大。

《說文解字》：「黍，禾屬而黏者也，以大暑而種，故謂之黍」，就說明小米是帶有黏性的旱稻。

在中國華夏文明發源地黃土高原，最早耐乾旱的小穀粒禾本科作物，稱之為「粟」（或稷），後來俗稱小米，以對比水稻的大米。目前，客語、粵語都稱小米為「狗尾粟」，因為小米穗很像狗尾巴。台灣清代文獻也記載：「狗尾黍，粒細，穗長如狗尾。」

台灣雖然在四、五千年前的墾丁考古遺址發現種植水稻的證據，但台灣原住民早年大都以小米為主食。十七世紀以後移民台灣的漢人，則很少吃小米。台語的小米叫 **sé-á**，台灣的教育部《台灣閩南語常用詞辭典》寫成「黍仔」，「黍」則指比「黍仔」稍大的小米。

小米的英文稱之 Millet。台灣早年有一些外國探險家，在旅台遊記寫到他們在山區看到有人種植 Millet，以及原住民食用 Millet。

中國最早的酒是小米釀造，台灣原住民也以釀造小米酒著稱。幾年前，我曾帶歐洲旅客參訪台東太麻里的新香蘭（拉勞蘭）排灣族部落，看到排灣族人種植的小米田。大家談到盡興，他們從屋內搬出珍藏的酒甕，以排灣族圖騰木刻的「連杯」，共飲小米酒。

糜

中文的稀飯或粥，台語都叫「糜」（muê/bê/muâi），台灣的「番薯糜」很好吃。「糜」字是古漢語，中國晉惠帝（西元二五九～三〇七年）曾說了一句不知人間疾苦的名言：「何不食肉糜？」

我有次與東南亞華人旅客在酒店吃自助早餐，他看到「鹹粥」牌子，就裝了一碗，但隨即說：「這不是粥，這是稀飯。」

我心想：粥不就是稀飯嗎？他已經解釋：稀飯是飯加水快煮，還看得到飯粒；粥是生米加水熬煮，直到米粒爆開，變得濃稠。

我這才發現，從字面上來看，稀飯的稀就是不濃稠的意思。於是我再查字典，國語的「粥」、「糜」，台語的「糜」，都稱稀飯。但嚴格來說，稀飯與粥應該是有區別的。

鹹糜材料常有：魚片、油蔥、芹菜等

台灣傳統的點心「鹹糜」，雖然很多攤店的招牌寫著「鹹粥」，其實與近年來在台灣流行的「廣東粥」有很大差異。「鹹糜」（以在來米混合蓬萊米煮成）講究清，米粒分明，久煮不爛；廣東粥則講究濃，把米粒熬到爆開，又黏又稠。「鹹糜」的湯頭以油蔥、蝦米、小魚乾等熬成，吃時可配現炸的豆腐、雞卷、魚片、蝦卷、紅糟肉、燙魷魚等。

日文漢字也有「粥」（かゆ，**kayu**），一般以生米煮，煮好後也可以看到米粒。吃日本火鍋料理，最後剩下的湯汁，過濾之後，把米飯加到裡面煮，則稱之「雜炊」（ぞうすい，**zōsui**）。

蕹菜

「空心菜」是因莖桿中空而得名的半水生蔬菜，中文學名是「蕹菜」（ㄨㄥˋ ㄘㄞˋ），因為中國明清文獻大都寫作「蕹菜」，而台灣的台語和客語也沿用古字稱之「蕹菜」（台語音 **èng-tshài**）。

有一句台語俚諺說：「食無三把蕹菜，就欲上西天」，就是說才剛吃素就想去佛教的西方極樂世界，比喻說還早得很呢！由此可見，「蕹菜」在台灣是非常普遍的蔬菜。

嘉義朴子有個地方叫「應菜埔」，「應菜」是「蕹菜」被誤寫，在清代這裡因是「蕹菜」繁生的平地而得名。宜蘭礁溪以溫泉種植的「溫泉空心菜」，有宜蘭人以台語稱之「燒水蕹菜」。

「蕹」這個字從何而來？又是什麼意思呢？

「蕹菜」屬蔓生性一年生或多年生的草本植物，性喜濕熱，水陸兩棲，原產於東南亞，很早就傳到東亞。在東南亞，「蕹菜」跟台灣一樣普遍，菲律賓語稱之**Kangkong**，印尼語、馬來語稱之**Kangkung**。

明清以來的中國史籍及台灣方志都說：「蕹菜本生東夷古倫國，番舶以甕盛之歸，故又名甕菜。」「東夷古倫國」是什麼國？很奇怪，古今文獻一大抄，但沒有人去查說此國在哪裡？

根據中研院台史所翁佳音研判，由於明代對東洋、西洋的區別大致以越南或婆羅洲為界，「東夷」一般指台灣以北到日本，所以這裡的「東夷」可能寫錯，應該是指東南亞才對，這才符合「蕹菜」原產地在東南亞，但東南亞的「古倫國」就不知道是哪一國了。

那麼「蕹」這個字從何而來？在《說文解字》、《康熙字典》都有「蕹」字，但在字義上無法解釋與「蕹菜」的關係。

上述文獻提到「蕹菜」是裝在甕子裡，用船從東南亞運來，所以又稱之「甕菜」。這也就是說，「蕹」可能來自「甕」。台語「蕹」的漳州音是èng，泉州音是àng，而台語「甕」的音是àng，所以泉州音的「蕹」與「甕」諧音，這似乎支持了「蕹」來自「甕」的說法。

台灣果菜專家王禮陽在《台灣果菜誌》則提出另一種「甕菜」的說法：因為以前有人在花園貯水的水甕裡栽種此菜，因而得名。

明李時珍《本草綱目》對「蕹菜」還有另一種解釋：「蕹與壅同，此菜惟以壅成，故謂之壅。」「蕹菜……性宜濕地，畏霜雪。九月藏入土窖中，三、四月取出，壅以糞土，即節節生芽，一本可成一畦也。」

所以，根據《本草綱目》的說法，「蕹菜」來自「壅菜」，「壅」就是把泥土或肥料堆在植物的根部。

以此推論，此菜可能最早稱之「壅」菜或「甕」菜，後來被加了草字頭「艸」，去掉「土」、「瓦」，變成看來像植物名稱的「蕹」菜。

其實，「蕹菜」還有很多名稱，台語另以諧音稱之「應菜」。在中國廣東，廣東話的正式名稱也是「蕹菜」，但俗稱「通心菜」、「通菜」，而民間相傳這種菜吃太多可能引起痙攣，所以又稱之「抽筋菜」。

在日本，日文漢字也稱之「蕹菜」（ヨウサイ，yousai）。日本文獻說這種菜原產於東南亞，經由沖繩（琉球）傳到日本九州。

菠薐

菠菜的台語稱之「菠薐仔」（pue-lîng-á）、「菠薐仔菜」。「菠薐」二字，保留了古漢語對這種外來蔬菜的音譯名稱。

菠菜原產於中亞、西亞，傳入中國之後，歷來的中文名稱有波棱、菠棱、頗陵、菠薐、波斯草、赤根菜等，最後簡稱為菠菜。

唐代詩人劉禹錫弟子韋絢撰寫的《劉公嘉話錄》中說：「菜之菠稜，本西國中有僧將其子來」。宋代王溥撰寫的《唐會要》中說：「貞觀二十一年……泥婆國獻波稜」。以此來看，菠菜是在西元六四七年（唐太宗貞觀二十一年）從尼泊爾傳入中國。

此外，宋代嚴有翼撰寫的《藝苑雌黃》中說：「蔬品有頗陵者，昔人自頗陵國將其子來，因以為名。今俗乃從艸而為菠薐。」由於文中提到「頗陵國」，所以今天有人去研究、比對當年中亞、西亞的國家，卻找不到這個國家。

後來我在日本文獻找到「頗陵國」可能的解釋。菠菜從中國傳到日本，日文借用漢

字「菠薐」稱之「菠薐草」（ホウレンソウ，hōrensō）。但日本文獻說，菠菜的尼泊爾文發音 palunggo 或 palinga，中文音譯「菠薐」，發音 boleng。

以此來看，palunggo 或 palinga 的音接近「頗陵國」，所以「頗陵國」就是尼泊爾文的菠菜，而不是國家的名字。後來，我查了尼泊爾文字典，在「Google 翻譯」也可找到菠菜的尼泊爾文，發音 pāluṛagō。最後，我還特別去找到一位尼泊爾人，請他以尼泊爾文讀菠菜的音給我聽，他並寫下記音：palungo。

在此可以做個結論：大約西元七世紀，菠菜從中亞或西亞原產地，可能就是當時的波斯（今伊朗），經由絲綢之路上的尼泊爾傳到中國。菠菜的波斯語發音 aspanakh，與尼泊爾文發音 palunggo 或 palinga，以及與英文 spinach，都有語源關係。

在中國，菠菜還有一個有趣的名字，屬於閩南語分支的潮州話，稱菠菜為「飛龍菜」，就是把「菠薐」的音寫成「飛龍」（bue-lóng）。

在台灣，菠菜由漢人移民引進，清代文獻稱之「菠薐」。菠菜性喜冷涼氣候，台灣的冬天是菠菜的盛產季節。日本時代文人連橫在《台灣通史》中說：「菠薐……台南謂之長年菜，以度歲須食之也。」

「長年菜」是台灣人必吃的年菜，象徵長壽。直到今天，台灣南部的「長年菜」仍是菠菜，一般是連紅根帶綠葉一起蒸煮。但從台灣北部以下至嘉義，以及宜蘭、花東地區，「長年菜」一般都是葉片又長又大的芥菜（刈菜）。

大力水手和菠菜

台灣人對菠菜的歷史記憶，還要加一段美國的卡通片《大力水手》（Popeye the Sailor Man）。

美國在一九二九年遭逢全球性的「經濟大蕭條」（Great Depression），為了振興農業，曾推廣栽種容易、生長期短但營養豐富的菠菜，但美國人初期卻吃不慣這種有澀味的蔬菜。結果，《大力水手》的連環漫畫、卡通片應運而生，主角是小個子的水手，只要吃一罐菠菜，就變得力大無窮，擊敗敵人，曾造成美國人食用菠菜的熱潮。

後來，《大力水手》卡通片經由美國派拉蒙影視公司發行，風靡了全世界。

芫荽

台灣料理、小吃的最佳配角「香菜」，台語稱之「芫荽」（iân-sui），這也是古漢語的用詞。

「芫荽」是香菜的中文學名，原產於地中海東部，全株皆可食用、藥用。華人最愛其芳香的葉子，切段或切碎後，擺在菜餚上可增色，撒在羹湯上能提味。

在中國，「芫荽」原名「胡荽」。《本草綱目》記載：「胡荽亦名香荽，張騫使西域始得種歸，故名胡荽。」由此可見，在西元前一一五年，張騫奉漢武帝命第二次出使西域載譽歸國時，經由絲綢之路，帶回了「胡荽」。

「胡荽」之名從何而來？先來談「胡」，古代中國通稱北方和西方諸民族為「胡」。再來談「荽」，《說文解字》的解釋是：「可以香口」，但「荽」字不見單獨使用。因此，「胡荽」本意就是從西域來的香菜。

「胡荽」之名為什麼變成「芫荽」？並沒有具體可信的說法，但有此一說：中國在五胡十六國時代，後趙的開國君主石勒（在位三一九年～三三三年）是胡人，他認為「胡」字是歧視用話，曾下令禁用「胡」字。「胡荽」在那時改名「原荽」，後來再變成「芫荽」。

明李時珍《本草綱目》說「胡荽」又名「香荽」，「冬春采之，香美可食」，並提到此菜是「道家五葷之一」。佛教也有「五葷」（又稱五辛：葱、薤、韮、蒜、興渠）的禁忌，即不吃葱、蒜、韭、蕗蕎類等，但「芫荽」不在此列。

在台灣清代、日本時代的文獻中，「芫荽」還有諧音的「園荽」、「莞荽」、「元荽」、「蒝荽」等寫法，都會有個「荽」字。

但廣東話卻稱「芫荽」為「芫茜」。原來，廣東話的「荽」（seoi）與「衰」發音相同，所以就把「荽」改成「茜」（sai），變成與眾不同的「芫茜」了。

東南亞地區也常見食用香菜，風行全球的泰國菜及泰國泡麵就有香菜味道，泰國文ผักชี（phạkchī）指新鮮香菜。

日文的香菜則未借用漢字「芫荽」，而是直接把英文 Coriander 音譯為「コリアンダー」（koriandā），但也常見把泰國文香菜音譯為「パクチー」（pakuchī），也有把中文香菜音譯「シャンツァイ」（shantsuai）。

英語稱香菜為 Coriander，一般寫作 Cilantro，俗稱 Chinese parsley（中國香菜）。

台灣食物的原住民語

馬告：泰雅族的山胡椒

台灣的原住民，對台灣野生可食用的植物，本來都有自己的命名，但比較普遍的後來幾乎都被漢人命名取代。今天，還有能夠保有原住民語中文音譯，又擁有全台知名度的食物嗎？

我馬上想到「馬告」，就是「馬告國家公園」的馬告，漢人稱為「山胡椒」的馬告。

我最早是聽說內政部計畫設立馬告國家公園，後來在泰雅族烏來部落吃到「馬告雞湯」，從湯裡撈出幾粒又稱山胡椒的馬告，果然長得很像整粒的黑胡椒。

馬告國家公園預定的範圍涵蓋新北市烏來區、宜蘭縣大同鄉、桃園市復興區、新竹縣尖石鄉，主要是雪山山脈的棲蘭山區，以神木群著稱，這裡是台灣原住民泰雅族的傳統領域。泰雅族稱棲蘭山區為「馬告」，就是這個國家公園名稱的由來。

泰雅語的馬告（Makauy），指的是樟科、木薑子屬的香料植物，樹高五至十公尺，主要分布在東亞、東南亞，生長在潮溼的林地。棲蘭山區因有很多這種香料植物，才被泰雅族以馬告命名。

中國南部、西南部地區也生產這種香料植物，所以有很多不同的中文名稱，包括山蒼樹、豆豉薑、山薑子、木薑子、山雞椒、山胡椒等，但與胡椒科、胡椒屬的胡椒完全無關。

對泰雅族而言，馬告除了是健康食物，具有調味、健胃、壯陽等功能；馬告也是精神象徵，寓意生機盎然、子孫繁衍。對漢人而言，馬告這種產在山林的香料植物，吃起來有胡椒和薑的味道，並散發清淡的檸檬香氣，所以有人給予「山林裡的黑珍珠」美稱。

大頭根：阿美族的野菜

台灣原住民早年除了漁獵，也食用各種野菜，人口最多的阿美族至今還保有獨特的野菜文化。

我曾在花蓮吃過阿美族野菜火鍋，共有三種野菜，我當場問到阿美語的菜名，但後來都忘了，因為這些野菜在其他地方很難看到。

阿美族朋友傳給我阿美族常吃的野菜名單，以中文和阿美語對照：樹豆（Vataan）、大頭根（Tatukem）、箭竹筍（Dahci）、黃藤心（Dungec）、昭和草（Menad）、過貓（Pahku）、麵包果（Facidol）、木虌子（Sukuy）、咸豐草（Karatutuyay）、地瓜葉（Kupir）等。

我發現「大頭根」是阿美語 Tatukem 的音譯，再看了圖片，才想起我吃過的阿美族野菜火鍋就有這種菜，看來是綠色的莖葉，並沒有大頭之根的樣子。這種野菜的中文名稱是「龍葵」，被中醫列入藥用植物，全草及根、種子都可入藥。

在阿美族的野菜中，大頭根比較常見，在花東的原住民風味餐廳都會供應，可炒菜或煮湯。我看阿美族人大都用來煮排骨湯，他們說吃起來有苦甘味。

我的朋友阿美族作家以撒克・阿復（Isak Afo），從年輕時就到都市讀書和工作，他每次放假回花蓮家鄉馬太鞍部落，不論在家或去親友家，女主人都會煮 Haposay 給大家吃，鍋子裡放了不同種類的野菜和蔬菜，苦苦甘甘的大鍋湯。

女主人在端出 Haposay 時常用阿美語說，阿美族的孩子就應該吃阿美族的菜，吃苦菜可以醫治生活中的苦惱。

現今原住民人口中，有一半是都市原住民。移居都市的阿美族人，在各種活動聚餐時，大家拿出各自從家鄉帶來的各種食物，一起分享食物和鄉愁。

以撒克・阿復說，對阿美族人而言，食物就是部落，食物就是認同，食物也帶來療癒。

台灣與東南亞國家共同的漳泉語食物名

中國南方沿海的閩粵居民，自明代以來有很多人前往海外經商、移民，最後在東南亞和台灣落地生根。因此，印尼、新加坡、馬來西亞、菲律賓華人的福建話，台灣的台語，中國福建的漳州話、泉州話，至今仍能相通。

我在本書的一篇〈台灣食物的東南亞外來語〉中，提到早年泉州人把番茄的菲律賓語 **Kamatis**，引進到南台灣以台語音譯「柑仔蜜」，引進到泉州以泉州話音譯「柑仔得」。反過來說，早年移民東南亞的福建（漳泉）人，也讓很多福建（漳泉）話的生活用語，融入了菲律賓語、馬來語、印尼語。

以下是台語的食物名字，與菲律賓語、馬來語、印尼語相同、諧音的例子。

粿（kué/ké）：印尼語 **Kue**，馬來語 **Kuih**，新加坡英語拼音 **Kueh**。印尼語 **Kue ku** 指「粿龜」，就是台語的「紅龜粿」。印尼有名的千層糕，印尼語 **Kue lapis**（lapis 是印尼語層的意思）。菲律賓語則以英語稱粿為 **Rice cake**。菲律賓語 **Keyk** 並不是指粿，而是指英語 **Cake**，就是蛋糕。

米粉（bí-hún）：菲律賓語 Bihon，馬來語 Mihun，印尼語 Bihun，荷蘭語 Mihoen（荷蘭語 oe 念作 u）。

麵（mī）：印尼語、馬來語 Mee。菲律賓語稱麵為 Pansit（Pancit），可能源自漳泉語「扁食」或「便食」。

潤餅（lūn-piánn）：菲律賓語、印尼語 Lumpia。馬來西亞語、新加坡語則以「薄餅」之名稱之 Popia（Popiah）。長期殖民印尼的荷蘭人把印尼的 Lumpia 傳回荷蘭，稱之 Loempia（荷蘭語 oe 念作 u，所以 Loempia 與 Lumpia 發音相同）。後來，潤餅在荷蘭、比利時稱 Loempia，在法國稱 Lumpia，主要作法是炸的或烤的。

麵線（mī-suànn）：菲律賓語 Miswa，印尼語、馬來語 Misoa。

潤餅餡料常見：高麗菜、豆乾、豬肉、胡蘿蔔等。

包仔（pau-á）：菲律賓語、馬來語 Siopao（燒包），也可能源自廣東話。

豆腐（tāu-hū）：菲律賓語 Tokwa，馬來語 Tauhu，印尼語 Tahu。

芫荽（iân-sui/ uan-sui）：菲律賓語 Unsoy。

豆油（tāu-iû）：菲律賓語 Toyo。

豆豉（tāu-sīnn）：菲律賓語 Tawsi。

甜粿（tinn-kué/tinn-ké）：菲律賓語 Tikoy。

白菜（pe̍h-tshài）：菲律賓語 Petsay（Pechay）。

二〇一六年五月台灣的新政府宣示「新南向政策」後，即逢端午節，我應景呼應一下，粽子的台語「肉粽」（bah-tsàng），也與很多東南亞國家語言諧音。

我在基隆港兼差當碼頭工人，常接觸麗星郵輪的各國船員，在端午節前，郵輪應景購買粽子，我隨口問一位菲律賓船員，粽子的菲律賓語怎麼說？他答：Matsang（Machang）。哇！發音與台語相同！

我一好奇，就再查下去，原來印尼語、馬來語稱粽子為Bakcang、Bacang，發音也和台語相同！

想不到在泰國講「肉粽」嘛會通，泰國語บ๊ะจ่าง（B́a-c̀āng）跟台語也一樣！菲律賓、印尼、馬來西亞的「肉粽」及語言，當然是融入了早年閩南移民的「福建話」，屬閩南語系的廣東潮州話則影響了泰國。

台灣與東南亞國家的「肉粽關係」，加上台灣原住民與菲人、馬來人、印尼人同屬南島語族，這不就是南向的有利條件嗎？

台灣食物成爲日語、英語的外來語

某些外國食物的名字，如果非常知名、獨特，而本國語言又找不到足以形容的相似詞彙，常會直接音譯成為外來語，例如：台灣的「漢堡」（Hamburger）、「披薩」（Pizza）、「沙西米」（日語刺身，さしみ）等。

英語也有不少外國食物的外來語，例如Sushi（日語壽司，すし）、Miso（日語味噌，みそ）、Kimchi（韓國泡菜김치）等。

英國曾統治香港（一八四二年～一九九七年），有些廣東菜名也成為英語的外來語，例如Dim sun（點心）、Chop suey（雜碎，什錦雜炒）、Won ton（雲吞，餛飩）等。

台灣食物的名字，有沒有成為日語、英語的外來語呢？

我首先想到米粉，米粉的日語「ビーフン」（bīfun），與米粉的台語bí-hún諧音。我不知道日本人是從台灣或從福建引用，在什麼時候變成日語的外來語？但根據日本的《世界大百科事典》推測，「ビーフン」一詞可能從台灣輸入。

戰後，日本人很喜歡來台灣觀光、享受美食，有些台灣小吃也有了日語音譯，

例如台語的「蚵仔煎」日語音譯「オアチェン」（oachen），「虱目魚」日語音譯「サバヒー」（sabahī），國語的「小籠包」日語音譯「しょうろんぽう」（shōronpō）。這些日語音譯的台灣小吃，在日文維基百科可以找到，未來有可能因通行而成為日語的外來語。

台灣小吃「割包」（或寫成刈包，台語音 **kuah-pau**），由於有台灣裔美國人在美國開店賣出名氣，**Gua bao** 一詞有可能成為英語音譯自台語的外來語。二〇〇九年，台灣人黃頤銘（**Eddie Huang**）在紐約曼哈頓開了一家名叫 **BaoHaus** 的包子店，招牌菜 **Gua bao** 的名稱和作法就是台灣的割包。

台灣著名的「泡沫紅茶」，英文意譯 **Bubble tea**。泡沫紅茶加了牛奶、粉圓升級的「珍珠奶茶」（又稱波霸奶茶，波霸是台灣源自香港的台式國

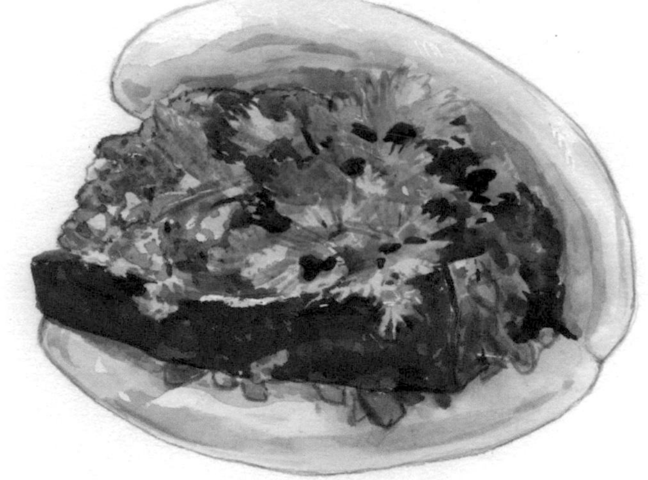

語），英文有意譯 Pearl milk tea，也有半音譯 Boba milk tea。

牛肉麵也是台灣著名美食，台北市政府已舉辦多年的國際牛肉麵節，牛肉麵本來意譯 Beef Noodles，後來改為音譯 New Row Mian，但被接受的程度不如預期。

台灣名聞全球的鼎泰豐餐廳，在英語菜單上以前都是用 Dumpling 來翻譯小籠包、蒸餃。Dumpling 雖然指煮熟或蒸熟的麵糰，或包餡再煮的麵糰，但無法精準表達小籠包、蒸餃的作法。近年來，鼎泰豐改為直接把小籠包音譯 XiaoLongBao，燒賣音譯為 Shao Mai，但最後能否變成英語的外來語，還有待時間的考驗。

美國的中國餐廳有一道名菜叫 General Tso's chicken，Tso 是「左」姓，這是以左將軍為名的雞肉料理，中文名稱「左宗棠雞」，左宗棠是中國大清末期著名的湖南籍將軍和大臣。

「左宗棠雞」之名是怎麼來的呢？原來，湖南湘菜名廚、台灣「彭園餐廳」創辦人彭長貴，戰後在台灣發明了這道以左宗棠命名的雞肉料理，這道以去骨雞腿切塊再炸、炒做成的辣味菜餚，從台灣紅到了美國。

源自閩南語的英語食物名稱：Ketchup

番茄醬的英文 Ketchup，日文音譯「ケチャップ」（Kechappu），台灣人從日本時代就跟著日語念作 Khe-tsiap-pu。台灣人從來沒有想過，其實 Ketchup 可能源自閩南語！

我在網路讀到一篇多年前由中研院語言所黃居仁寫的短文〈Catchup 來自閩南語：詞彙旅行三百年〉，我對 Catchup 這個英文單字很好奇，馬上查了英文維基百科，根據《牛津英語詞典》的說法，Catchup 最早出現在一六九〇年，到了一七一一年轉成 Ketchup。

哇！這不就是說，Ketchup 一詞源自閩南語！真的嗎？

黃居仁在文末說，這篇文章是根據任韶堂（Dan Jurafsky）教授的研究結果。我再查下去，Dan Jurafsky（一九六二～）是美國史丹佛大學語言學教授，他在二〇一四年出版的 *The Language of Food* 書中，也提到 Ketchup 一詞的由來。

最早我在網路上找到 Dan Jurafsky 在出版此書後接受美國 National Public Radio 專訪的報導，全篇大都在談 Ketchup。

原來，根據 Dan Jurafsky 的研究：在西元五世紀之前，中國南方沿海居民就會醃魚來保存食物，他們在瓶罐裡放入生魚、熟飯和鹽，蓋上竹葉，任其發酵，所做出來的醃魚食物，以他們的語言音譯稱之**Ke-Tchup**，**Ke**是醃魚的作法，**Tchup**則是醬汁。到了十七世紀，從歐洲航海前來東亞的英國、荷蘭水手和商人，把這種叫**Ke-Tchup**的中國魚醬帶回家鄉，就是**Ketchup**的由來。

中研院台史所翁佳音先生查了荷蘭語權威字典Van Dale，也是同樣說法。

任詔堂在二〇一四年出版的*The Language of Food*，二〇一六年五月三十一日在台灣出版中譯本《餐桌上的語言學家：從菜單看全球飲食文化史》（麥田）。任詔堂認為：「**Ketchup**番茄醬和早期中國福建省（亦即tea這個字的發源地）一帶釀製的魚露**Ke-Tchup**之間有所連結。」

我整理各種資料，在此做個簡單的總結：在歐洲，**Ketchup**最早並不是指番茄醬，而是魚醬或其他的醬。番茄原產於中南美洲，在十六、十七世紀引進歐洲，最早只是觀賞，直到十八世紀開始食用後，才傳到亞洲來。到了十九世紀，歐洲有了製造番茄醬的食品工業技術，**Ketchup**也才變成番茄醬的專用名詞。

從歷史上來看，中國南方沿海居民以鹽漬和發酵製造魚醬的方法，隨著移民傳到了東南亞和台灣，直到現在仍能在部分地區看到**Ke**的醃魚作法。在台灣，這種醃魚作法的名稱有漳州音**kê**、泉州音**kuê**，以及馬祖福州音**kie**。我小時候在基隆看到有人賣瓶裝的鹽醃小魚和蝦貝，基隆人稱之 **kê**，後來只能在鹿港、澎湖看到，稱之 **kuê**。

在印尼和馬來西亞，對包括醬油在內的調味醬汁，都稱之 **kecap**（**c** 發 **ch** 的音），語源就是印尼和馬來西亞中國閩粵移民所說的 **Ke-Tchup**。

Ketchup 源自 **Ke-Tchup** 的音，那麼漢字應該怎麼寫呢？**Tchup** 就是「汁」（tsiap），**Ke** 在台灣清代文獻上寫作「鮭」，但「鮭」現在會讓人想到鮭魚，並不適用，所以教育部《台灣閩南語常用詞辭典》使用「膎」字。

在此先談一下這個「鮭」字。清代文獻記載台灣平埔原住民以鹽醃魚蝦做「鮭」，所以一般認為「鮭」是原住民語。但現在我們了解，「鮭」是中國南方的用語。我們可以再看清代文獻，除了描述原住民以魚蝦做「鮭」，也描述原住民以鹿肉做「脯」，所以「鮭」與「脯」一樣都是漢人的用語。

教育部的台語辭典使用「膎」這個字有其根據，《說文解字》指「膎」即「脯」，乾肉之意；中國古韻書說「膎」是保存食物的作法，「通謂儲蓄食味**爲膎**」，「吳人謂腌魚**爲膎脼**」。以此來看，**Ke-Tchup** 的漢字可寫作「膎汁」。

多年來也有 **Ketchup** 源自廣東話稱番茄醬為「茄汁」一說，其實只是剛好發音接近，因為廣東話「茄」與 **Ke** 諧音。為什麼 **Ketchup** 不是源自「茄汁」，原因很簡單，如上所述，歐洲到了十九世紀才有番茄醬的食品工業，但 **Ketchup** 是十七世紀就有的用詞。

以華語音譯的台語名稱：奶雞、寒吉、算桃

台語俗語說「三月三，桃仔李仔雙頭擔」，農曆三月正是桃李盛產期，剛好菜市場攤子有人掛出「算桃」的招牌，於是很多人都在想：算桃是什麼「桃」？

在台灣，以華語來音譯台灣蔬果特別的名稱，有其必要。例如：番石榴的台語、客語puȧt-á，本來寫作「拔仔」，後來美化為「芭樂」。山胡椒的泰雅語Makauy，已寫作「馬告」通行。

但近年來，有些台語明明有公認的漢字，卻故意用華語來音譯，以吸引好奇眼光。例如：算桃→蒜頭（suàn-thâu）、奶雞→荔枝（nāi-tsi）、寒吉→番薯（han-tsî），甚至還有：菜逃貴→菜頭粿（tshài-thâu-kué）。

這一切要從「奶雞」說起。大約在二〇一〇年，台灣街頭出現有人在賣「奶雞」的招牌。後來，我看到開貨車賣荔枝的老闆接受新聞媒體採訪說，他賣了八年荔枝，三年前把招牌改寫「奶雞」後，生意好了不少，今年就再寫成「很慢ㄟ奶雞」（現挽个荔枝，即現採的荔枝）。

這種用華語來「注音」台語的情形，也不只是食物。我曾在網路上看到一則趣聞，

一個老婆外出時寫給回家老公的字條：「芭樂夏好了，粽子在電鍋催好了，吃不飽還可以傻水餃。」

簡單解釋一下字條中的台語：夏→削（siah），催→炊（tshue），傻→煠（sah，以白水煮）。

我曾看過溫泉池旁的招牌寫著「請勿露仙」，這題比較難，哈哈！

原來，「露仙」就是台語的「鑢銑」（lù-sian），「鑢」是刷洗，「銑」指人體皮膚的汙垢，「請勿露仙」就是說不要在此搓洗體垢。

貳

美食的前世今生

庶民美食：滷肉飯與牛肉麵

被稱為「台灣小吃教主」的美食家、旅行文學作家舒國治說，台灣的滷肉飯是「國飯」，牛肉麵是「國麵」。台灣這兩大著名庶民美食，都是移民族群先後在台灣新故鄉所創造的。

滷肉飯

滷肉飯堪稱台灣最普遍的庶民美食，可以從路邊攤、小吃店賣到高級餐廳、五星級酒店，甚至登上總統府國宴。

在談滷肉飯之前，首先要談滷肉飯的定義。滷肉飯一般指台灣北部、中部的滷肉飯，肉是用刀切碎後滷的，而這在南部稱之肉燥（臊）飯，肉是用機器絞碎滷的。但南部也有滷肉飯，則指用大塊三層肉（五花肉）滷的，而這在北部、中部稱之爌（焢）肉飯。

再來，滷肉飯常被寫成魯肉飯，必須正名。「魯」在這裡很明顯是錯字，因為不管是台語的「滷」（lóo）或是國語的「滷」，都指相同的烹飪方法。此外，台語的「魯」

大都用在「粗魯」（tshoo-lóo）一詞，好吃的飯怎會粗魯呢？

但「魯」字已錯到約定俗成，所以台灣著名的滷肉飯連鎖店稱為「鬍鬚張魯肉飯」，基隆廟口著名第31號攤「天一香」的招牌也寫著「魯肉飯專家」。

「魯」字寫錯也就罷了，想不到還被連結到中國山東省的簡稱。二〇一一年，國際知名的美食及旅遊指南書籍《米其林指南》（Michelin Guide），在英文版的《台灣旅遊綠色指南》（Michelin Green Guide Taiwan）中，把滷肉飯譯成「Lu（Shandong-style）Meat Rice」，竟然說台灣的滷肉飯源自山東。

這個新聞事件，只是涉及滷肉飯的起源問題，竟然牽動海峽兩岸的競爭關係，以及政治人物的敏感聯想。結果，當時的台北市長郝龍斌隨即發布新聞，表明將與外國相關單位釐清誤解，把魯肉飯正名滷肉飯。

當時，雖然有多位美食家指滷肉飯是道地台灣小吃，並說在山東從未看過滷肉飯。但也有其他美食家引用成語「膾炙人口」的「膾炙」，指「膾」是細切的肉，再把「炙」從「燒」擴大解釋為「滷」，並說早在中國歷史的戰國時代（西元前四百多年至西元前兩百多年），山東就有滷肉的食物了。

對於「滷肉飯」與「魯肉飯」的爭議，我提出兩個觀點：第一、中國在兩千多年前就發明了用大豆釀製的醬油嗎？第二、滷肉是一回事，滷肉飯是另一回事，談滷肉飯不能只談滷肉，因為米飯也是主角，必須兩者相配才能組合成為美食。

首先我要指出，中國大陸那邊也認為滷肉飯是台灣小吃。早在一九九七年，我為了撰寫《台灣的飲食街道：基隆廟口文化》（文建會基隆文藝季，基隆市立文化中心出版）一書，訪查了基隆廟口小吃攤店，當時曾查閱中國大陸出版的《中華傳統食品大全》、《中國烹飪辭典》，以及一些介紹閩菜的書，這些書有的會把芋粿、蚵仔煎、鼎邊趖等列為福建小吃，但都指名滷肉飯是台灣小吃。

那麼，台灣人在何時又如何「發明」了滷肉飯呢？有關「滷肉飯」一詞及其起源，因為在台灣清代、日本時代的文獻中並未記載，所以留下想像空間。

以醬油滷豬肉是華人很早就有的美食，但滷肉飯是用碎肉而不是肉塊來滷，兩者不同。所以有人推測，早年可能有貧窮買不起豬肉的人，向肉販索取一些肉屑、肥油、豬皮，切碎後用醬油滷成一鍋，只要淋些滷肉汁就非常下飯。

我進一步從白米飯推測，台灣的滷肉飯正式成為小吃攤店的美食，應該在日本時代的白米飯大變革之後。台灣最早的白米飯是秈米（今稱在來米），飯粒鬆散，直到日本時代引進日本粳米在台灣種植成功，稱之「蓬萊米」，後來台灣人才逐漸改吃這種黏度適中的白米飯，並適合淋上滷肉汁來吃。

我們可以想像，最早有一家小吃攤店，經過一番研究，推出了香噴噴的滷肉飯，因為好吃又便宜，所以吸引了很多顧客。從此，賣滷肉飯的攤店就愈來愈多了。

怎樣的滷肉飯才好吃？一般認為，滷肉要兼具皮、脂、肉三部分，滷汁則要少油、多膠質，聞起來很香，吃起來黏唇。在飲食江湖中，著名的滷肉飯攤店都有自己的特色，正如台灣俚諺所說：「江湖一點訣，妻子不可說」，連妻子和兒子都要保密，以免洩露獨家祕方。

滷肉飯確實雖簡單卻又奧妙，所以每家不一樣，有的門可羅雀，有的賣到排隊。全台灣賣滷肉飯最集中的地方，應該就在基隆廟口了。如果你站在奠濟宮前的仁三路小吃街道上，就站在正對廟口的路中央，十步之內就有七家以上互有特色、經常滿座的滷肉飯攤店，全天二十四小時接續營業。這也就是說，你任何時候來到這裡，都可以吃到滷肉飯。

在台灣，隨著經濟的發展及懷舊的氣氛，滷肉飯不但一直受到歡迎，還走向精緻化。幾年前，五星級的台北君悅酒店曾推出一客四百元的滷肉飯，號稱使用「帶皮的豬頸肉」，成為有史以來最貴的滷肉飯。

豬頸肉每隻豬只有兩片，每片約六兩，所以稱之六兩肉，在古代皇宮都要保留給皇帝吃，所以又稱「禁臠」，近年來台灣人仿照日本最高檔的松阪牛肉而稱之「松阪豬肉」。

但我認為，滷肉飯好吃的關鍵，未必在於使用昂貴的豬肉部位，而在於皮、脂、肉的比例，以及滷肉的醬油、香料、火候、甜鹹度等。我也主張，滷肉飯要好吃不貴，才符合「國民美食」的意義。

全台灣哪一家滷肉飯最好吃？這個問題舒國治竟敢回答就在基隆廟口。二〇〇五年《商業周刊》第九三七期，舒國治發表〈廟口19號攤滷肉飯〉一文，寫出他的看法。

「滷肉飯的肉必須切成小條，肥、瘦、皮皆在那一小條上，澆得白米飯頂，危顫顫抖動方成。切不可用絞肉，絞肉便嘗不到肥肉的晶體，已被絞成油水；也嘗不到瘦肉的彈勁，已被絞成柴渣。這店的滷肉飯，味最和正，很像我們小時候記憶中滷肉飯的那種風味，並且顏色也不太紅，正好不致醬油兮兮的。」

舒國治推薦「廟口19號攤滷肉飯」，並註明「晚上才開」（這家滷肉飯這一年來常未見開張）。二〇〇八年，我有一次機緣與舒國治聊天，他還談到這家滷肉飯的何老闆。後來，我特別問何老闆使用哪個部位的豬肉？他說是豬大腿上方屁股部位的肉，因為那塊肉最有彈性！

我一直認為，滷肉飯是一項偉大的發明，因為讓一般平民只要花小錢就能吃得滿足，尤其勞工朋友更吃到了繼續打拚的熱量。

我曾在一九九七年訪問基隆廟口第一代攤販、天一香創始人「肉焿順仔」吳添福的女兒和養女，她們提到父親當年賣滷肉飯、肉焿，只要看到工人來了，米飯就裝大碗一點，滷汁就淋多一些，看到客人肉焿的湯喝完了，就主動加湯。

這個故事讓我感動，這種小吃攤店的人情味，正是發揮了「滷肉飯精神」。

滷肉飯是台灣小吃，但不要以為只有台灣人愛吃，其實全球的華人都愛吃。根據我的長期觀察及導遊經驗，台灣的滷肉飯連日本人也愛吃，也是歐美旅客可以接受的少數台灣小吃之一。

二〇一一年我第一天當導遊，從停泊基隆港的豪華郵輪，帶一對加拿大夫妻前往台北半日遊。中午結束行程，他們說因為暈船在船上吐了兩天，請我推薦好吃午餐。我帶他們到基隆廟口吃天一香滷肉飯，他們胃口大開，非常高興，最後給我美金五十元小費。

事實上，食物是一種認同，也可療癒鄉愁。移民或長居國外的台灣人，常會思念台灣的滷肉飯，他們想自己動手做，卻找不到道地食材，也做不出家鄉味。很多台灣人出國回來或返台探親，出了機場還沒到家，就先找台灣小吃，最好馬上來一碗滷肉飯！

台灣到處都有滷肉飯，好吃的滷肉飯很多，也很難比高下，因為每個台灣人心中都有自己最愛的滷肉飯！

牛肉麵

牛肉麵在台灣已成為最具代表性的麵食之一，台北市政府還舉辦「國際牛肉麵節」。很難想像，在戰後初期台灣社會還視吃牛肉為禁忌，甚至直到今天仍有很多人不吃牛肉。

台灣最早的兩種牛：黃牛和水牛，都是從島外引進。十七世紀，荷蘭人在南台灣發展以蔗糖為主的農業經濟，所以從南洋或比台灣更早開發的澎湖引進黃牛來耕作旱田。後來，漢人移民開始在台灣各地種植稻米，所以再從原鄉引進水牛來耕作水田。

在台灣早年的農業社會和農村生活中，牛是最重要的耕作夥伴，牛車是最重要的交通工具，各地的「牛墟」是牛隻交易的市集。當年，一般家庭如果有牛隻生病或死亡，就會可能嚴重影響家計。因此，台灣人與牛之間培養了深厚的感情，牛與人關係密切有如家人。

日本時代，台灣著名雕塑家黃土水的傳世之作就是〈水牛群像〉。有一位日本人山根勇藏在散文集《台灣民俗風物雜記》（原日文書名《台灣民族性百談》）中描述台灣農夫對待耕牛的情形，讓他非常感動。他看到台灣農夫帶著兩頭牛到田裡，一頭耕田、一頭在田邊吃草。農夫看耕田的牛做累了不動，也不會鞭打牠，乾脆自己也休息一下，再看牠還是不想動，就把犁卸下來，換另一頭牛來做。

直到戰後，有些客家庄還保有在冬至餵牛吃湯圓的習俗，因擔心湯圓太黏牛吞不下去，還用青菜包起來，讓牛連青菜一起吃下去。有人還把冬至那天訂為牛的生日，直到後來耕牛被「鐵牛」（機械耕耘車）取代。

台灣民間認為牛是有靈性的動物。有句台語俚諺：「豬知走，毋知死；牛知死，毋知走」，牛看到有人來抓牠，牠不會叫也不會跑，但會流淚，因為知道自己就要被殺了。

另一句台語俚諺：「毋食牛犬，功名袂（不會）顯；食了牛犬，地獄難免」，雖然中國歷史上很多英雄豪傑都吃牛肉、狗肉，但吃了難免會下地獄。因為早年台灣人大都相信「食牛食犬，地獄難免」，所以一般人不吃牛肉，很多農夫甚至不賣老牛，讓一生辛苦的牛在退休後能安享天年。

當然，不能說以前台灣人都不吃牛肉，但是打開吃牛肉的風氣，發明牛肉麵的美食，確實是戰後外省族群的影響。

在談牛肉麵之前，必須先談麵。台灣的氣候適合種植稻米，只有很少數地方種植小麥（主要在台中大雅），直到戰後初期，台灣人的主食都是米飯，麵不是正餐，所以著名的台南擔仔麵最早被歸為「點心」。

一九五四年，台灣政府希望多外銷米來賺取外匯，正好美國在推銷產量過剩的小麥，所以就開始推行「麵粉代米」政策，鼓勵民眾多吃麵食代替米食。另一方面，台灣在一九四九年來自中國各省一兩百萬移民中，也有大量吃麵的北方人，使台灣在傳統米食文化之外也發展了豐富的麵食文化。

台灣的牛肉麵從何而來？一般都引用已故台大歷史系教授、飲食文學作家逯耀東的說法：大江南北都有不同形式與風味的牛肉湯、牛肉麵，唯冠上「川味」的紅燒牛肉麵是台灣獨創，四川當地並無此味。戰後，四川的成都空軍官校遷到高雄岡山，空軍眷屬多為四川人，他們以四川郫縣的方法在岡山製造豆瓣醬，再以四川成都用豆瓣醬熬煮「小碗紅湯牛肉」的作法，在台灣創造了「川味紅燒牛肉麵」，所以可說是起源於岡山，後來流行於台北。

常擔任台北國際牛肉麵節評審的美食家梁幼祥，他是我二〇一一年初參加外語導遊職前訓練班的老師。當時他剛出版《滋味》一書中，也提到台灣牛肉麵的起源：「台大教授逯耀東說源自岡山外省老兵，但也有人說源自台北中華路，不論如何，確是老兵退伍後，為了謀生在麵攤上精調出來的美味。」

所以我們可以推論：戰後初期台灣民間很少人吃牛肉，但外省族群一般無此忌諱。當年外省眷村家庭把政府配給的麵粉，以手工擀成粗細不同的麵條來吃。如此，牛肉與麵條結合成「牛肉麵」，並從退休退伍老兵所開的麵攤、麵店賣起，最後變成不分外省人、本省人，連日本人、西洋人都愛吃的高檔庶民美食。

今天，台灣的牛肉麵以紅燒為主流之外，還有清燉、番茄、咖哩、沙茶、麻辣等多種口味。那麼，怎樣才能做出好吃的牛肉麵呢？

我以前聯合報同事、曾策畫創辦首屆台北市牛肉麵節的品牌行銷顧問劉蓓蓓，提出她的好吃牛肉麵的看法：牛肉以台灣土牛的牛腩肉為上選，麵條以能入味的陽春麵、手擀家常麵為最佳，湯汁要用牛大骨熬高湯再燉燒牛肉的原汁；端出的牛肉麵，湯汁要濃醇而無浮油，肉塊要熟爛適當而無羶雜味。

《滋味》書中也對好吃牛肉麵做了注解：將不易煮爛的牛肉部位，拿來先川燙，後切割，再下料燉燒。火候的學問在於分段的掌控，先大火煮開，後小火慢熬，再中火出味，關火後不得掀蓋起鍋，得將牛肉燜得看似挺拔，夾起來柔順、表面滑亮，看得出「膠質猶在」，入得口中「軟塌不糜」，唇舌尖「微黏似漆」，合著混醇香滋的湯頭，熱呼呼的，再吸嚼兩口勁放力彈的麵條，除了佛祖不來誰能閃躲其誘。

梁幼祥說：「這看來簡單的一碗麵，湯汁的味醇不可帶水味，亦不可讓醬香或藥香壓過牛鮮，肉糜的豐實不可帶咬勁，還得帶著膠質，這不僅是台灣獨有，更是台灣在烹調藝術中的飲食之美。」

蚵仔煎的作法與文法

台灣小吃以哪一種為代表？這個問題很難回答，因為每個人都有自己最愛的台灣小吃，但以下兩個數據都支持「蚵仔煎」！

第一、二〇〇七年六月《遠見》雜誌做了一項「外食行為」調查，在民眾認為「最能代表台灣料理」的問題，蚵仔煎得到第一名。

第二、二〇〇七年十月經濟部商業司舉辦「外國人台灣美食排行No.1票選活動」，分成小吃、桌菜兩大類，還邀請六十位外國朋友當場試吃，結果在台灣小吃類榮獲冠軍的也是蚵仔煎。

蚵仔煎是不是台灣發明的？這個問題也不好回答，因為中國閩粵沿海一帶也有類似的小吃，但名稱和作法都不相同。

在中國，這種牡蠣科的海產，閩南語稱之「蚵仔」，廣東話稱之「蠔」，其他地方常稱之「海蠣」。同樣的牡蠣，閩粵、台灣、東南亞華人的烹調方法，以及使用的粉、蔬菜、醬料等，都有差異。

台灣的蚵仔煎，一般說是源自閩南小吃，但在台南對蚵仔煎的起源另有傳說：

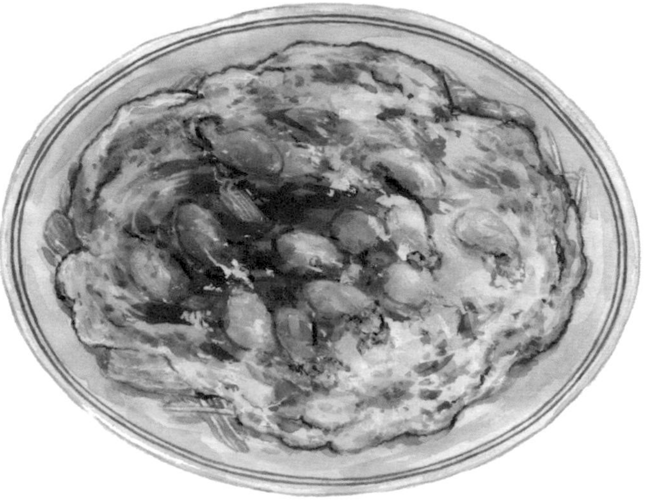

一六六一年，鄭成功軍隊登陸台南，與荷蘭軍隊交戰期間，因糧食不足而就地取材，以番薯粉和其他穀粉打漿，混雜各種找得到的海產、肉類、青菜等，以油鍋煎成餅，此即蚵仔煎的原型。

不管如何，蚵仔煎可說在台灣被發揚光大，因為台灣是海島，養蚵業興盛，每天都有鮮蚵上市，所以蚵仔煎才成為台灣各地都吃得到的庶民小吃。蚵仔煎也是外國觀光客喜歡的台灣小吃，日文直接音譯台語稱之「オアチエン」（oachen），英文則稱之Oyster Omelette。

台灣蚵仔煎一般的作法是：在大的圓形平底生鐵鍋上油煎，先放入蚵仔、小白菜（或茼蒿），淋上番薯粉做的芡水，再下雞蛋，然後翻面煎熟，起鍋後再淋上醬油膏、甜辣醬。但每家店攤都有自己的手法，包括煎的焦度、芡水的稠度，以及獨門的醬料。

台灣的蚵仔煎使用番薯粉芡水，所以煎好後呈透明狀。福建的廈門、漳州也有蚵仔煎，但作法不同，也可能是使用麵粉，所以煎好之後看來像是蚵仔餅。

我不是因為基隆人才自誇，但基隆廟口第36攤的蚵仔煎真的很特別，幾十年來堅持使用炭火，強調「火有火味」的控制火候方法。炭火與瓦斯火有何不同？頭家說，炭火的溫度較高，可以把蚵仔煎出焦香；而且整塊鐵板的高溫持久、均勻，可以同時煎好幾份。

頭家也強調蚵仔新鮮，所以攤子裝蚵仔的圓盤上，擺著一個大冰塊，以保持蚵仔的鮮度，即使在冬天也一樣。

一般人講、聽「蚵仔煎」習慣了，大概不會注意這三個字的語法。咦！對喔，怎麼不叫「煎蚵仔」？而是名詞在前、動詞在後，稱之「蚵仔煎」。

原來，這是台語一種獨特的用法：食物的名詞＋烹飪的動詞，就變成菜餚的名字了！其他的例子還有：「鯊魚煙」、「米粉炒」、「大麵炒」、「白菜滷」、「菜頭滷」、「豆乾滷」、「豆乾糋」（tsìnn）、「魷魚煠」（sa̍h）、「潤餅鋏」（kauh）等。

我想到台語常見倒裝詞的用法，例如：客人的台語是「人客」，喜歡的台語是「歡喜」，習慣的台語是「慣習」等，這樣念起來似乎比較有力又好聽。

台語文研究者潘科元說明：兩字材料名詞 ＋ 一字料理動詞，所組成的三字食物名稱，這是閩語、台語等南方語言的特色詞序；但如果材料名詞、料理動詞都各只有一字，則動詞就會擺在名詞的前面，例如「滷卵」（滷蛋）、「炕肉」（焢肉）、「煙腸」（香腸）等。

我聽北京朋友稱蚵仔煎為「海蠣煎」，這在語法上是跟「蚵仔煎」學的，不然依北方語言會把「煎」放在「海蠣」前面而稱之「煎海蠣」。

四神湯與九尾雞

四神湯在台灣算是常見的小吃，但一般人只吃不問是哪四種「神」？只有少數人知道台語「神」與「臣」發音一樣都是 sîn，「四神」應該是「四臣」，就是中醫的四種中藥材，具有「補益脾陰，厚實腸胃」的功效。

為了解答四神湯的問題，我來到基隆廟口的老攤（仁三路與愛四路交口），吃了一碗四神湯，結果順口又吃了一個大割包。

根據《黃帝內經》中醫藥處方「君臣佐使」的原則，「君藥」是主要治療，「臣藥」是輔助或兼病治療，「佐藥」是減緩君藥和臣藥的毒性和烈性，「使藥」則是藥引（引藥以達病處）。不過，一般處方並非君、臣、佐、使俱備，每種藥材也非單一功能。

中醫的「四君子」是人參、白朮、茯苓、甘草四種藥材的合稱，「四臣」則指淮山、芡實、蓮子、茯苓。

在台灣所稱的「四神」，我們現在已經知道是「四臣」的誤寫，而且這個錯誤從日本時代就開始了。台灣的清代文獻沒有「四臣」、「四神」，但日本時代的《台日大辭典》就有「四神」詞條，指茯苓、淮山、芡實、蓮子四種漢藥，可磨「四神粉」、做「四神糕」、煮「四神茶」。以此來看，「四神湯」可能是日本時代較晚或戰後才有。

四神湯中為什麼大都用豬肚或豬腸與「四臣」中藥材合煮？這可能與中藥的「藥引」觀念有關，因為豬肚入脾胃、豬腸入腸（豬肝入肝、豬腎入腎等類推），而吃四神湯可以開脾健胃。

然而，當四神湯從食補轉為小吃，基於藥味太重、價格較貴的考量，「四臣」被換成或加入了大量到不成比例的薏仁，並使用豬腸而少見豬肚。哈！如果去中藥行買藥方，回來自己煮，就不必吃山寨版了。

談到對食物名稱的誤寫，坊間常見的「九尾雞」也是一例，因為台語「九」與「狗」發音一樣都是 káu，正確名稱是「狗尾雞」。

當然，狗尾雞不是狗尾燉雞湯，狗尾指「狗尾草」，就是一種長得像狗尾的植物。俗稱狗尾草的有很多種，食補用的狗尾草（曬乾的根部）是豆科，又稱兔尾草、通天草。小米也長得很像狗尾草，但小米是禾本科。

在台灣清代的文獻中，「狗尾黍」、「狗尾粟」指的就是小米。在日本時代的《台日大辭典》，則收錄了「狗尾黍」與「狗尾草」兩個不同的詞條。

台灣民間傳統常以狗尾草加人參、枸杞來燉雞湯，可助兒童驅蟲，在食補上也有開脾健胃、滋血補氣的功效。

鼎邊趖與紅燒鰻焿

基隆廟口有兩種小吃相當特別，一是名字很怪的「鼎邊趖」，一是價格最貴的「紅燒鰻焿」（圳記），都是源自福州小吃。

台灣早年的福建移民，人數最多的兩個族群是泉州人和漳州人，講的是閩南語，福州人數量較少，講的是與閩南語在腔調和用詞上差距不小的閩東福州話。然而，福州是福建省城，台灣在一八八七年建省之前隸屬福建省，尤其福州離北台灣較近，所以福州人與台灣也有密切關係。

根據歷史文獻，早在十七世紀上半葉，西班牙人、荷蘭人相繼在基隆和平島建城期間，基隆就有福州人的聚落了。

清代，台灣人考取「秀才」後，必須再渡海赴福州應考「舉人」。一六九七年（清康熙三十六年），福建福州府官署的幕賓（文書）郁永河奉命前往台北採硫，他先從福州到廈門，再從廈門出海經澎湖抵達台南府城，在台南備妥後，帶隨從搭牛車北上，在台北完成任務後，從淡水運貨上船，直接回到福州交差。

即使在日本統治台灣的時代，福州人仍常往來北台灣。根據台灣文獻、史蹟專家林衡道在《台灣風情》（邱秀堂整理）書中所說，日本時代住在台灣的無日本國籍福州人約有三萬多人，當時基隆、台北都有定期船班往返福州，台北的仕紳家庭流行聘用福州廚師。

閩菜是中國八菜系之一，福州菜是閩菜的主流，對台菜影響很大，從名菜「佛跳牆」到小吃「福州魚丸」等。「閩菜多羹湯」的說法，也呈現在基隆廟口小吃攤上琳瑯滿目的焿（羹）與湯。

鼎邊趖

基隆、台北、台南都有「鼎邊趖」，但以基隆廟口奠濟宮廟埕吳記、邢記兩家競爭的場面最為壯觀。這種小吃在福州稱之「鼎邊糊」，但台語用的「趖」（sô）字，似乎更能生動表

現米漿沿著熱鍋邊緣緩慢流下的樣子。

我曾在一九九七年訪問基隆廟口第一家鼎邊趖：邢記鼎邊趖，看到了鼎邊趖的製作過程：

先把在來米（秈米）磨漿，在大鍋中放一些水燒滾，用芋頭沾油抹鍋（讓鍋沾點油，順便去雜質），然後把米漿沿著鍋緣一圈慢慢的倒下，蓋上鍋蓋。此時，鍋內的那圈米漿就往下「趖」，遇到蒸氣就會凝固，然後一邊蒸、一邊烘。看火候，大約一至三分鐘，即可掀鍋。取出成品後，自然風乾，再用剁或剪成一片片備用。

鼎邊趖雖然源自福州小吃，但在基隆廟口發揚光大，變成配料豐富的湯食。以金勾蝦、小魚乾、魷魚乾加金針、香菇、筍絲等煮成「黃金湯」，再加高麗菜、蝦仁焿、肉焿等配料，最後放入鼎邊趖，撒上韭菜、芹菜、蒜頭酥，那味濃而不膩的湯頭，十分鮮美。

紅燒鰻焿

「紅燒鰻焿」的「燒」應該是「糟」才對，這兩個字用華語念因為諧音常被搞混，如果用台語念「燒」（sio）與「糟」（tsau）就不會弄錯了。

糟就是酒糟，即釀酒時過濾下來的渣滓。「紅糟」（台語音 âng-tsau）就是以紅麴釀酒後的渣滓所製成的調味料，可用來醃魚和肉，使其顏色變紅且散發酒香。

紅糟是福州菜常用的調味料，最著名的是紅糟雞。在基隆，紅糟常見用來醃海鰻和豬肉，基隆的海鮮餐廳就有一道「炸紅糟鰻」的名菜，基隆賣鹹粥、湯麵的攤店也有「炸紅糟肉」（常被誤寫為紅燒肉）的配菜。基隆肉圓的餡料都加了紅糟，稱之「紅糟肉圓」，還有把紅糟加到牛肉麵，甚至直接打出招牌「紅糟牛肉麵」。

基隆廟口愛四路段著名的小吃攤販「圳記紅燒鰻焿」，使用的是海鰻，較少腥味，魚刺雖粗長但不會太硬。海鰻連皮帶肉切成條狀後，以紅糟等調味料醃過再炸，最後與白菜一起放到勾芡的湯裡煮。吃時撒上香菜、加點烏醋，湯頭鮮甜，魚肉滑嫩。

在台灣，源自福州小吃的還有福州魚丸，就是包了肉餡的魚丸。此外，在夜市、街頭常見的現烤「胡椒餅」，可能應該稱之「福州餅」，最早因台語「福州」（hok-tsiu）與「胡椒」（hôo-tsio）諧音被誤寫而約定俗成。怎麼說呢？這種烤餅的作法源自福州，而且內餡是以蔥、肉見長，胡椒只是調味料之一。

歲寒三友：麻油雞、薑母鴨、羊肉爐

在台灣，麻油雞、薑母鴨、羊肉爐可說是進補、禦寒最常見的食物，所以有網友戲稱為台灣人過冬的「歲寒三友」。

由於世界上很多地方都有雞、鴨、羊的湯料理，所以麻油雞、薑母鴨、羊肉爐未必台灣原創。儘管如此，這三種台式補湯絕對與眾不同，因為都使用獨一無二的祕方：台灣米酒（紅標米酒）。

台灣米酒有何不同？中國、日本的米酒都是釀造酒，台灣的米酒則是蒸餾酒，酒精濃度較高，而且還加了大半的甘蔗糖蜜酒精，米酒香中多了甜味。因此，對吃慣台灣米酒的台灣人來說，如果沒有台灣米酒，麻油雞、薑母鴨、羊肉爐就完全不對味，甚至無法烹煮。

麻油雞

麻油雞的全稱是「麻油雞酒」，簡稱「雞酒」，除了薑之外，主角就是酒和麻油。

酒是台灣獨特的甘蔗米酒，一般煮麻油雞都要加大量米酒，甚至完全以米酒來取代水。

麻油也是台灣的特產，台灣從荷蘭時代就開始種植、生產麻油。根據清代文獻，台灣生產的麻油有芝（脂）麻油、蓖（萆）麻油，品質「勝於內地」；台灣的蓖麻油還賣到蘇州、上海、寧波、鎮江等地。在台灣，一般稱芝麻油為麻油。

因此，以優質的麻油、獨特的米酒，所做出來的麻油雞，最能代表「台灣味」，展現台灣飲食文化的特色。此外，麻油雞也是台灣傳統生命禮俗的重要食物。

台灣的孕婦在產後坐月子時，都會吃麻油雞補身。在古早醫藥不發達的時代，由產婆到家裡接生，孕婦生產相當凶險，順產或難產可謂生死攸關。所以台灣俚諺說：「生贏雞酒芳，生輸四片枋」（芳音phang，香的意思；枋音pang，木板的意思），或說：「生會過，雞酒芳；生袂過，棺材枋」，生產如果順利，可以享用美味又滋補的麻油雞；生產如果失敗，恐怕就要面臨死亡躺進棺材了。

在嬰兒滿月時，也有請客吃油飯、麻油雞的習俗。

薑母鴨

薑母鴨是台灣人冬令進補常吃的食物，現在大都做成火鍋。與麻油雞相比，薑母鴨少用了麻油，卻多用了薑，而且服膺「薑是老的辣」，必須用老薑。

有人搞不懂「薑母鴨」三字的意思，就問：「為什麼一定要用母鴨？」哈！台語的「薑母」就是老薑，薑母鴨是「薑母＋鴨」，不是「薑＋母鴨」。

客家語則稱薑為「薑嫲（麻）」（**giong-ma**），老薑就是「老薑嫲」。苗栗縣大湖鄉有一個「薑麻園」社區，就是客家人種薑的地方。（此處客家語標音採教育部《台灣客家語常用詞辭典》，**g** 等於教育部台語辭典的 **k**。）

事實上，薑母鴨大都使用公的紅面番鴨，一般認為公鴨生性較猛，吃起來較補。

羊肉爐

在台灣，羊肉爐是一九八〇年代才開始盛行的火鍋，也是冬令進補頗受歡迎的食物之一，羊肉大都是切塊，也有切成薄片。

《本草綱目》記載吃羊肉可以「補虛」、「益氣」，台灣人古時就相信羊肉是食補聖品，但早年羊肉腥味重，吃的人較少，後來在品種、料理上獲得改善，吃的人就愈來愈多了。

台北有一家羊肉專賣連鎖店，店名叫「莫宰羊」，招牌寫著：「您來了就宰羊！嘸來還是莫宰羊！」很多人看不懂，為什麼前一句說要宰羊，後一句又說不宰羊了呢？

原來這是一句雙關語，前一句的「宰羊」是國語，但後一句的「莫宰羊」是台語「毋知影」（m̄tsai-iánn）的諧音，意思是不知道。這家羊肉店的老闆是要說：「我們店的羊肉很好吃，您來了，我們宰羊您吃了就知道；您若不來，還是不知道！」

戰後，很多外省軍人來到台灣，在學講台語時，以外省腔調把「毋知影」講成「莫宰羊」，寫成文字後相當有趣，也就流傳下來，變成「台式國語」。

從番薑仔到麻辣鍋

台灣今天麻辣鍋大流行，很難想像，不過幾十年前，一般台灣人很少吃辣，甚至不敢吃辣。

番薑仔

我從小聽到辣椒的台語叫「番薑仔」（huan-kiunn-á），味道很「hiam」，後來又聽到不同的說法，包括「番仔薑」、「薟椒仔」（hiam-tsio-á）、「薟薑仔」等。台語也有「辣」（luáh）的用法，但沒有人說「辣椒仔」。

辣椒是外來植物，吃起來像薑的刺激味道，稱之「番薑」合乎命名慣例。但「薟」字怎麼與辣產生關係呢？根據晉朝的辭書《字林》，「薟」指有辛味的水中野韭，所以可能台語就以「薟」來形容辣的、刺鼻的。

談起辣椒，就會想到胡椒、花椒，雖然名字都有椒，但辣椒（茄目）、胡椒（胡

蔥、筍、胡椒、麵粉等，用「網紗油」包起來長形落去炸。

以此來看，雖然《台日大辭典》沒說「雞管」食物之名來自長得很像雞脖子，但可能性很大。

最後補充，根據多位海外臉書朋友回應，「雞捲」似是台灣專有的用詞，類似這樣的食物，在福建漳州、泉州以及東南亞華人地區，都稱之「五香捲」，簡稱「五香」，以其加了五香粉（香料）而得名。

小吃常見配菜：雞捲、紅糟肉

魚丸與肉圓

台灣小吃有「魚丸」、「肉圓」，「丸」與「圓」在此都指圓球形的食物，請問兩者有何不同？

有人會說：「圓」比「丸」大啦！

那麼請問：為什麼「圓仔」、「粉圓」、「芋圓」比「魚丸」小？

有人會說：因為是甜食，所以較小嘛。

那麼請問：彰化有些店同時賣「肉圓」和「芋丸」，都是鹹的，為什麼「肉圓」沒有比「芋丸」大？

我查了一下台語字典，台語「圓」的白讀音 **înn**，文讀音 **uân**。台語「丸」的讀音 **uân**，與「圓」的文讀音同。台語的「圓」，看來用在「圓仔」、「粉圓」、「芋圓」等等小圓球狀甜食時念白讀音 **înn**，只有用在「肉圓」才念文讀音 **uân**。

但根據日本時代的《台日大辭典》，「肉圓」的「圓」一般念 **uân**，但也有不同腔念 **înn**；此外，對「丸」和「圓」也不以大小來定義。

我把「丸」與「圓」的問題貼在臉書，徵詢台語文專家的意見，最後整理以下看法：

一、台語用在食物上的「圓」，用白讀音 înn，主要指「圓仔」（湯圓）的作法，例如用糯米做的「圓仔」，「圓仔」包肉餡就叫「肉圓仔」，「圓仔」加芋泥就叫「芋圓」，其他還有用樹薯做的「粉圓」等。

二、台語「肉圓」的「圓」，卻要用文讀音 uân，這是約定俗成。

三、「丸」和「圓」的用法沒有大小之分，也沒有規則，依各地方的習慣，例如台語的「魚丸」在福建泉州稱「魚圓」（înn）。

現在回來談台灣小吃的「魚丸」與「肉圓」。

魚丸

台灣是海島，所以台灣小吃常見各式各樣的魚漿製品，把魚漿加入澱粉可以做成魚丸。魚丸在香港稱之「魚蛋」，現在台灣街頭也出現「咖哩魚蛋」的香港小吃了。

台灣的魚丸種類繁多，有依各地盛產魚種做的旗魚丸、鯊魚丸、鰻魚丸、虱目魚丸、鬼頭刀魚丸等；有用進口鱈魚做的鱈魚丸；還有用魚漿包肉臊餡料做成的福州魚丸、淡水魚丸；以及用魚漿包生肉等餡料做成的魚丸（新竹石家魚丸）。

肉圓

台灣的肉圓以彰化肉圓、北斗肉圓著稱，肉圓一般都是扁圓形，但彰化縣北斗鎮有三角形的小型肉圓。

相傳北斗是台灣肉圓的發源地。清代北斗的寺廟有一位叫范萬居的文筆生（神明降乩的文字翻譯），當地發生水災時，他把番薯粉加水揉成團狀蒸熟後，發給災民食用。這種食物後來包入豬肉、筍乾等配料，發展成為肉圓。

肉圓半透明的外皮由番薯粉、太白粉或再加在來米漿做成，內餡則有豬肉、豬肝，筍乾等配料，有的還加了紅糟。蒸好後的肉圓，再放到熱油裡，吃時撈起、把油擠掉，再加醬料。

另有一種現蒸現吃的清蒸肉圓，蒸好後不再放到熱油裡，加了醬料就可以吃，吸引愛吃肉圓又怕太油膩的人。

北斗肉圓，捏成小巧三角椎形，表面有三道痕。

粿與糕如何區分？

華語的「糕」泛稱用米、麥、豆類磨粉做成的食品，但在台語、客語則可再細分為「粿」（客語稱粄）和「糕」。

例如：華語的「年糕」，台語稱之「甜粿」，客語稱之「甜粄」。華語、廣東話的「蘿蔔糕」，台語稱之「菜頭粿」，客語稱之「菜頭粄」。華語的「綠豆糕」，台語和客語都稱之「綠豆糕（仔）」。

那麼，台語的「粿」與「糕」如何區分呢？

一般來說，「粿」大都以米磨漿做成，「糕」則是以米或豆類磨粉，並使用模印做成，所以「粿」的水分多，「糕」的水分少。但這種區分方法也有例外，例如「油炸粿」（油條）實在不像「粿」，而「米糕」的水分可不少。

在台灣，用米漿加配料放在碗裡蒸成的小吃，現在大都稱之「碗粿」，很少聽說有人叫「碗糕」。但在教育部的《台灣閩南語常用詞辭典》，收錄了「碗粿」及近義詞「碗糕」兩個詞條；在日本時代的《台日大辭典》，卻不見「碗粿」，而有「碗糕」、「碗糕粿」，而在清代文獻，並沒有「碗粿」和「碗糕」的記載。由此可見，自日本時代以

來，「碗粿」和「碗糕」都有人講。

質疑別人不知在講什麼，台語有一句輕蔑的話：「講啥物 uánn-ko ？」（台語「啥物」就是什麼的意思）。但 uánn-ko 這兩個字是「碗糕」還是「碗膏」？卻有不同說法。

「碗糕」我們知道是食物，「碗膏」則不是食物名稱，從字面上只能說碗裡有膏狀物。「膏」在台語指黏稠的東西（或形容黏稠），例如男性的精液，所以一般說母蟹有卵（黃）、公蟹有膏。「膏」也變成有料無料、有才無才的比喻，清代台灣書生（秀才）渡海去福建省城福州參加科考（舉人），就被嘲笑：「台灣蟳，無膏」。

但罵人講的話有錯或沒料，為什麼

要比喻為碗糕或碗膏呢？在網路上可找到台語文專家的看法。

有人說這句話其實是罵人講的話像大便，因大便很難聽，就以很像大便的「碗糕」代替。但我質疑：有人會把碗糕想成大便嗎？

另有人說膏指精液，所以「碗膏」是罵人的髒話。但我也質疑：為什麼男人的膏會放在碗裡？

我猜想，台灣早年可能因為地方不同，而有「碗粿」、「碗糕」不同的講法。如果這樣，那麼講「碗粿」的人，聽到有人講「碗糕」，就會質問對方：「講啥物碗糕！」

我們可以想像一種情境，例如我住的地方都講「碗粿」，結果來了一位外地人一直講「碗糕」，我可能就跟他說：「阮講碗粿啦！你講啥物碗糕？」

以此來看，「講啥物碗糕」這句話並不一定有惡意，這也解釋了為什麼有人覺得這是一句俏皮話，因為要看講話的場合和語氣。

粉絲與冬粉

在台灣，華語的「粉絲」，就是台語的「冬粉」，多年來各說各話，共存共榮。直到近年來，沒想到「粉絲」竟然從食物變成了人，「粉絲團」不是火鍋裡的粉絲黏成一團，而是指一群人。

「粉絲」是什麼人？在此先簡單說一下，就是英語 **Fan** 的複數 **Fans** 的中文音譯，據說在香港本來叫「粉屎」，台灣改成文雅一點叫「粉絲」，用來指愛好者、支持者。「粉絲」是台灣在二〇〇〇年代出現的台式國語，流行至今，後來還出現了「鐵粉」，用來形容忠實的粉絲。

可以吃的「粉絲」，本是中國常見的食物，指以純綠豆粉或摻雜其他澱粉做成的透明麵條，因為細條如絲，所以名字中有個「絲」。中國山東盛產的粉絲，因以山東龍口港為集散中心，而被稱為「龍口粉絲」。

這種綠豆粉細條，在中國大陸和香港大都稱為「粉絲」，但也有些地方稱之「細粉」，例如江浙點心就有一道「油豆腐細粉」。台灣的台語、客語則稱之「冬粉」，目前福建也稱之「冬粉」，福建的「冬粉鴨」與台灣的「鴨肉冬粉」都是常見的小吃。

基隆廟口愛四路段（下午四點才開張）有一家老攤專賣「八寶冬粉」，在冬粉湯裡加了金針、木耳、香菇、竹筍、金勾蝦等配料，湯頭鮮美，吸滿湯汁的冬粉更是滑嫩。

今天，當正牌的「粉絲」被喧賓奪主後，幸好還有另一個名字「冬粉」。但冬粉的「冬」從何而來？與冬天有關嗎？這是我多年來一直想知道的。

我曾找到一個可能的線索：東南亞與台灣一樣，早年有很多閩粵移民，所以有不少食物名稱是福建話或廣東話的音譯。菲律賓語就有不少福建話的外來語，例如菲律賓語稱米粉為Bihon、麵線為Miswa。菲律賓語稱粉絲為Sotanghon，看起來是「So＋冬粉」，但不知「So」是什麼意思？

最後，我把問題po在臉書尋求答案。結果有人指出，冬粉以在冬天製造而得名，因為綠豆粉漿在抽絲後，必須馬上冷凍，不然會黏在一起，早年沒有冷凍設備，所以只能在冬天做。

聽來似乎有理，但我後來在日本時代的《台日大辭典》找到「山東粉」（soâ-tang-hún）詞條：中國山東省用綠豆粉做的麵條，又稱「東粉」。哇！此「東」非彼「冬」，原來全名是「山東粉」，簡稱「東粉」。

如果山東粉的說法為真，則解釋了菲律賓語稱粉絲為Sotanghon；山東粉簡稱的「東粉」，也解釋了馬來語稱粉絲為Tanghoon。

印尼語稱粉絲為 Sohun 或 Soun，印尼資料說源自中文「細粉」。在廣東，一般都稱粉絲，但也有「細粉」的用法。「細」字的廣東話音 sai，但潮州話音 soi。所以可以推測，印尼語 Sohun 可能源自潮州話的細粉。

台灣的清代文獻，早年並沒有「粉絲」、「冬粉」、「山東粉」的記載，直到一八八四年（清光緒十年）清法戰爭的「法兵侵台紀事」中，才提到「粉絲」等食物價格上漲二、三倍。以此來看，「山東粉」的用法大概從日本時代才開始普遍。

但中研院台史所翁佳音提供我一筆資料：十九世紀初清代台南平埔原住民「新港文書」的手稿，有「Soatanghun」價格一斤十二錢的紀錄。以此來看，台南在十九世紀已有「山東粉」的說法，但可能並不普遍。

我再查了山東文獻，山東雖盛產粉絲，但要直到一九一四年龍口開埠建港之後，粉絲才透過海運銷售海外，包括香港和東南亞。以此來看，這也符合台灣在日本時代才有較多的「山東粉」進口。

根據台灣「中農粉絲」公司的說法，日本時代台灣的粉絲都從山東經上海、廈門進口，直到一九四九年，才由該公司創辦人王書麟帶著師傅自山東來台灣設立第一家粉絲工廠。

至於日本人稱粉絲為「春雨」（はるさめ，harusame），也是昭和年間（一九二六年～一九八九年）才開始的。

最後，台灣著名醫師、作家陳耀昌提供我一個最確切的答案：冬粉的台語，他小時候在台南聽到大人講的就是「山東粉」。

米粉與米篩目

米粉與米篩目都以台灣傳統的在來米（秈米）做成，也都是台灣自古流傳至今的庶民小吃，在台灣的米食文化占有重要地位。

稻種依性質主要可分成秈稻、粳稻、糯稻三大類，秈米硬而鬆散，糯米軟而濕黏，粳米則介於兩者之間。台灣在清代以前只有秈稻和糯稻，到了日本時代才引進粳稻。後來，台灣人日常吃的白米飯雖然改成粳米（蓬萊米），但仍繼續生產本來的秈米（在來米），因為這種米比較硬，適合做傳統的粿、米粉、米篩目等。

米粉與米篩目的作法也很類似，主要是先把在來米磨漿，做成半熟的粿團，再以人工或機器擠壓粿團穿過孔洞成為米條，落到滾水中煮熟後，隨即放到冷水中冷卻。米條較細的是米粉，較粗的是米篩目，米篩目即可食用，米粉則還要再曬乾或乾燥才算完成。

米篩目常被寫成諧音的「米台目」或「米苔目」，但錯字似已約定俗成。其實，從「米篩目」三個字就可以看出這種米食的作法，「篩」作為動詞指從孔隙中透過，「目」是細孔，米篩目就是篩出的米條食品。

台灣傳統著名的兩大米粉：新竹米粉、埔里米粉，因為新竹風大、埔里水好，都是製造米粉的好所在。新竹米粉較細，屬蒸煮米粉，吃起來較Ｑ；埔里米粉較粗，屬水煮米粉，又稱「水粉」，吃起來較滑。

台灣的炒米粉（台語稱之米粉炒），不管炒細的、粗的都很受歡迎。粗米粉也常見做成米粉湯，一般的湯底是豬大骨高湯，又燙過豬肉、豬內臟等配料，再把粗米粉浸在濃郁的湯汁裡，非常好吃。其他的高檔米粉湯還有透抽米粉、螃蟹米粉、白鯧米粉等。

台灣人喜歡吃米粉，但直到近年來才注意，原來我們多年來吃的米粉，都是摻了大量廉價的玉米澱粉，有的甚至只有不到一成的米粉，難怪這種「非米粉」會炒不斷、煮不爛。

二〇一四年七月，衛福部食藥署已經公告，含米量百分之百才可標示為「米粉」或「純米粉」，含

米量百分之五十以上可標示為「調和米粉」，含米量未達百分之五十須改名標示為「炊粉」。

事實上，「炊粉」無關含米量，而是新竹米粉的製作方式，指粿團在壓出米條後，較細的蒸熟稱之「炊粉」（台語稱蒸為炊），較粗的水煮稱之「水粉」，而新竹米粉大都做成「炊粉」。今天，一般在市場買的、攤店吃的，雖然包裝上的名稱是「炊粉」，但大家還是叫米粉。

米篩目其實也有摻雜玉米澱粉的問題，所以才能耐煮，卻少了米味。但米篩目因不以乾貨長期販售，所以成分標示就被忽略了。

米篩目大都做成湯食，與米粉湯類似，也很受歡迎，很多人常以米篩目為早餐。米篩目也可以加剉冰、糖水做成甜品，在夏天是很好的點心。

台灣民間宗教的廟宇，常在舉行慶典活動時，在廟埕準備冷熱米篩目給民眾免費食用，這是很多人對米篩目的美好回憶。

食物改名換姓

二〇一六年七月，繼米粉變「炊粉」之後，食藥署也想要規範醬油，可能把非純釀的化學製作醬油改名「胺基酸液」。

「胺基酸液」消息一出，有食品界名人認為，政府應該做的是成分、製造方式的標示，而不是強迫民間傳統食物名稱的改名，何況很多食物名稱本來就名實不副，例如熱狗無狗、獅子頭無獅子、太陽餅也無太陽。

食藥署官員則回應，米粉的米有明確定義，醬油也有純釀與否的差別，拿熱狗、獅子頭、太陽餅等來比較、批評有些偏頗。

熱狗是 Hot dog 中譯，獅子頭、太陽餅之名則取其形狀，確實不好拿來與米粉、醬油比較，但我還是支持食品界的看法，政府不必與傳統食物名稱對抗，只要規定必須標示清楚，甚至要把字體放大。

我舉個有趣的例子，大家當然知道「髮菜」與毛髮無關，而是一種菌類藻絲，但有人真的摻了染色的動物毛髮混充，結果反而變成了「假髮菜」，哈哈！

對於傳統食物名稱，政府官員真的不要再動改名的腦筋，否則不但改不完，人民也不會理你！

湯圓與元宵

很多人問元宵與湯圓有何不同？其實元宵可以說就是湯圓。那麼為何叫「元宵」？因為在元宵節才吃。

中國人說「南湯圓，北元宵」，南方人冬至吃湯圓，但北方人冬至則吃餃子，元宵節才吃湯圓，並稱湯圓為元宵，這是元宵成為食物名字的由來。

然而，台灣在戰後受到大量北方人移民的影響，也吸納了元宵文化。今天，在冬至和元宵節這兩個節日，台灣人都會吃湯圓或元宵，很多人因分不清楚兩者的關係，所以一律稱為湯圓。

事實上，湯圓與元宵本是同根生，都以糯

米粉包裹餡料製成，但作法有些不同。

湯圓是把糯米粉加水揉成圓糰，稱之「搓湯圓」；如果再包入餡料，稱之「包湯圓」。元宵則是把餡粒沾水後放入裝有糯米粉的圓形淺竹筐（台語叫 kám-á），再不斷搖動竹筐，使餡粒滾動、均勻黏粉，愈滾愈大，稱之「搖元宵」。一般來說，湯圓可甜可鹹，但元宵都是甜的。

相比之下，元宵的作法較費工，但口感也較嫩滑。而且，煮元宵會掉粉，故湯較濃，如果加了桂花蜜，香氣四溢，再加酒釀，則更滋補。

基隆廟口愛四路巷口「全家福元宵」攤店賣的「桂花酒釀黑芝麻元宵」，堪稱台灣甜品一絕，而且只此一家別無分店。我曾在台北高檔餐廳吃過很貴的元宵，但都比不上「全家福元宵」。

「全家福元宵」在戰後把中國北方小吃帶到台灣，落地生根還發揚光大，後來更開創「加冰水」的吃法，讓人在夏天吃元宵也不流汗。

所謂元宵加冰水，有如屏東潮州「燒冷冰」的作法，就是把滾水撈起的煮熟元宵，直接放到裝有碎冰的甜湯裡，這樣吃起來湯水冰涼，而元宵軟嫩。

開脾整腸的破布子

台灣現在蒸魚常見使用香港（李錦記）的蒸魚豉油（醬油），但很多人還是喜歡用台灣傳統醃漬的「破布子」，更有獨特的甘味。

破布子是紫草科破布木屬的落葉喬木，品種很多，分布全球熱帶、亞熱帶地區，在華南、東南亞、南亞的居民，對這種植物的樹葉、果實，都有藥用、食用、飼料用的紀錄。

在台灣，破布子又稱樹子、朴子、破子，最大的產地在台南，台南的原住民可能很早就食用破布子了。

為什麼叫「破布子」這種奇怪的名字呢？破布子的台語念作phuà-pòo-tsí，「子」指果實，但「破布」從何而來？我找到以下三種說法：

一、破布子在醃漬之前要先煮過，煮熟時會爆開，所以又稱「破子」。

二、醃漬的破布子，有散粒狀、塊狀兩種，塊狀的看起來很像破布。

三、「破布木」屬的植物，在樹葉上常見「蟲癭」（植物學用詞gall），就是說因有小蟲寄生而形成瘤狀，造成葉片破洞，看起來很像破布。

我個人認為，從台灣庶民對食物命名的方式來看，以第二種說法較有說服力，因為醃漬的破布子早年都做成塊狀，散粒瓶裝後來才有，而塊狀破布子看起來很像破布。

在台灣的清代文獻，破布子又稱仙枝子、破斧子（台語「斧」的白讀音póo），記載如下：「破布子樹，葉似梧桐而小，結實如苦苓子，和鹽煨熟有膠，可以為蔬，能消食積」，「仙枝子，或名破斧子。樹高一、二丈，暮春開花，微香，色淡黃，如桂蕊而稍大。結實纍纍」，「仙枝子，一名破斧子，可醃為菹」（菹就是醃菜）。

另有台灣方志說：「樹子，俗呼葡萄子，台產最盛。葉如毛柿，三月開白花，五、六月熟，狀如金鈕，薄皮裹漿，內有小核，核中有仁，味極香。收實後，或用豆醬浸製，販諸內地，極珍。」由此可見，台灣傳統醃漬的破布子非常美味，在清代還銷到中國大陸。

中研院台史所翁佳音跟我講了一個清代台灣方志記載的小故事，證明破布子的珍貴。清代有一位姓李的台南仕紳，在渡海時遇上海賊，隨身攜帶的財物被洗劫一空。但這位李先生拜託海賊留下「破布子醬」，因為他的老母很愛吃。結果海賊受到感動，就釋放他了。

在日本時代，台南文人連橫在他的著作《雅言》中說：「黃檨盛出時，食之過多，則胃起痙攣之症，所謂檨子痧也，食破布子則愈。」原來，台南盛產芒果，台南人吃太多芒果引起胃痛，吃破布子就會好了。

今天，台南市農會推銷破布子，宣傳具有開脾、健胃、消脹、整腸及解毒的功效。目前市面上販售的破布子，大都罐裝粒狀，較少看到傳統塊狀。這種台灣在地、傳統又有特色的醃菜，用來蒸魚、蒸肉、炒蛋都非常美味，應該大力推廣啊！

烤方爲什麼不是用烤的？

台灣的上海菜、江浙菜餐廳有一道很受歡迎的名菜「烤方」，這種把「東坡肉」（燉五花肉）切片、夾在麵皮，做成台灣「割包」樣子的料理，跟「烤」有什麼關係？

這不要說很多台灣人搞不懂，連陸客也不知道，而餐廳的網站只說明作法，並沒有解釋菜名由來。

「烤方」顧名思義，作法是「烤」的，食物是「方」的。但多年來，我在台北上海菜餐廳「上海極品軒」、「上海鄉村」吃過，以及在江南菜「點水樓」網站看到的「烤方」，五花肉都不是用烤的，而是加了醬油、冰糖以小火慢燉（或許先炸過）而成，形狀則有正方、長方。

我上網查了中國最大的中文網路百科全書「百度

百科」：「烤方」是江蘇揚州名菜，從「叉燒乳豬」而來，就是把大塊方正的「豬肋條肉」（即五花肉）烤到表皮酥脆、肉質酥爛，吃時切片，佐以甜麵醬、蔥白段，用「空心餑餑」（烙烤的空心麵餅）夾食。

台灣的「烤方」，那塊燉五花肉確實呈現了上海傳統「本幫菜」的特色：濃油赤醬、重糖豔色，但明明不是一般中國人認知的「烤方」，為什麼在台灣會叫「烤方」呢？

我拍了台灣「烤方」的照片，貼在臉書上就教專家。感謝幾位臉友提出解釋：「烤」是錯字，「㸆」字才對，以前的人不會寫「㸆」，就用諧音的「烤」，以致引起誤解。「㸆」是江浙菜特有的料理方法，就是用醬油、糖、酒以小火慢慢燜煮使其軟爛入味，這種菜除了「㸆方」，還有「㸆麩」、「蔥㸆鯽魚」、「蔥㸆排骨」等。

「㸆」這個字，我在台灣教育部的《重編國語辭典修訂本》找不到，而在中國《漢典》的解釋：「㸆」（拼音 kào，注音ㄎㄠˋ）是方言、西南官話，指用小火燒菜。因此，「㸆」字是有根據的，但一般電腦打不出來。

話說回來，台灣「烤方」把肉片夾到現蒸的「割包皮」（非某種手術），加點蔥白切絲、淋上濃稠醬汁，真的非常對味、好吃。或許，正如台灣有「台式日本料理」，這也算是「台式上海菜」吧！

鴨賞是以鴨犒賞？

宜蘭養鴨業興盛，有一種類似南京板鴨的名產叫「鴨賞」（台語音 ah-siúnn），就是把殺好的鴨子剖肚、撐開，鹽漬後壓扁、風乾，再以蔗燻而成。那麼，這個「賞」字是什麼意思呢？

有媒體報導宜蘭鴨賞業者的說法有二：一、早年鴨賞是高級禮品，賞有「犒賞」之意。二、宜蘭民家在冬天製作鴨賞，處處可見金黃色的鴨子掛著風乾，成為獨特風景，賞就是「欣賞」。當然，這是從「賞」字望文生義的訛傳。

這個「賞」字，很多人知道只是取其發音而已。那麼，台語 $siú^{n}$ 到底是什麼意思？有沒有正式的漢字呢？

我在台灣清代文獻找不到與鴨賞有關的用詞，連「鴨乾」、「鴨脯」都沒有。日本時代的《台日大辭典》，雖有「鴨 $siú^{n}$」詞條，解釋是鴨的肉乾，但 $siú^{n}$ 的音沒有漢字，只以「**羓**」（台語音 **pa**，乾肉之意）字代替。

以此來看，鴨賞的「賞」大概是戰後才有，有的人還加了「月」字邊變成「⿰月賞」。

我一直不知道鴨賞的正字，直到最近在教育部《台灣閩南語常用詞辭典》看到「鴨鮝」的寫法。

我查了中文字典，「鮝」（ㄒㄧㄤˇ）就是剖開曬乾的魚，例如魚鮝、鰻鮝，浙江有名的「黃魚鮝」（大黃魚乾）；另也泛指片狀的醃菜或醃肉，例如筍鮝、墨魚鮝、牛肉鮝，《紅樓夢》裡劉姥姥進大觀園品嘗賈府小菜大吃一驚的「茄鮝」。

《康熙字典》還提及「鮝」字為「美下魚」的傳說。根據唐代陸廣微《吳地記》的說法，約在兩千五百年前，吳王闔閭率軍入海驅逐夷人，遇風浪而糧絕，向大海拜禱後，看到金色魚群（有人認為就是黃魚）游來，吳軍取而食之。返國後，吳王想念海魚，屬下說剩下的魚都曬成魚乾了。吳王吃了魚乾，仍然覺得非常美味，就書寫「美」下之「魚」而成了「鮝」字。

中國韻書說：「鮝，息兩切，音想。」中文的「想」與台語的「賞」，發音有所差距，但如果以台語來看「息兩切」，則是**siúnn**的音，與「賞」吻合。另外，台語「想」的音，例如「思想」也可念作**su-siúnn**，這樣「想」的音也是**siúnn**，與「賞」一樣。

我在《康熙字典》又發現有一個古字「鱃」，也是乾魚之意，而此字與「脩」（ㄒㄧㄡ）在音、義上都相同。

這個「脩」字，在國中讀過文言文的台灣人並不陌生。《論語》〈述而篇〉：「子曰：自行束脩以上，吾未嘗無誨焉。」根據《說文解字》，「脩」，「脯」也，就是乾肉的意思。古人以肉脯十條紮成一束，稱之「束脩」，可以給老師當酬金。

既然「脩」就是乾肉，那麼鴨賞是否可以寫成「鴨脩」，「脩」的音也接近「賞」啊？但我請教葉程允、林文信等幾位台語文專家，他們都認為，就音韻而言，鴨賞的「賞」就是「鯗」完全合理，siúnn 保留了古音。

泡麵小史

一九五八年，日本「日清」食品公司推出經過乾燥可以長期存放，再以開水沖泡、在短時間內軟化即可食用的熟麵，這是全世界第一包速食麵。

我曾在日清公司於日本神奈川縣橫濱市所設立的博物館看過這種麵，包裝上有三種日文：日文片假名「チキンラーメン」，日文羅馬拼音字「CHIKIN RAMEN」，日文漢字「即席」。這種麵附有一包雞粉調味料，所以中文一般譯為「雞湯拉麵」。

在台灣，雖然「速食麵」是比較正式的用字，但一般都稱為「泡麵」，就是用開水泡了就可以吃的麵。但現在的年輕人大概都不知道，台灣速食麵最早的名字叫「生力麵」。

一九六七年，台灣食品公司與日清合作，引進日清「雞湯拉麵」並調整配方，連包裝也類似，命名「生力麵」。這是台灣第一種企業製造、行銷全台的速食麵，但當時還沒有「速食麵」的名稱，所以「生力麵」成為速食麵的代名詞，直到後來因經營不善而退出市場。

有人說台灣在「生力麵」之前就有「雞絲麵」，但這種以麵線油炸做成的熟麵，只是小規模生產，不能算是食品工業生產上市的速食麵。

其實，台灣另有一種熟麵叫「意麵」，應是源自中國廣東知名的「伊麵」（相傳源自清代廣東惠州知府伊秉綬的伊府麵），指加了雞蛋或鴨蛋做成的麵條，先捲成團狀晾乾，再炸至金黃，即可儲存備用，煮時直接下到鍋裡。這種把麵條做成可以長期存放的麵餅，吃時再加水軟化即可，有人認為可稱是現代速食麵的鼻祖。

日清公司的創辦人安藤百福（一九一〇年～二〇〇七年），被稱為「速食麵之父」。他自述因看到拉麵店常大排長龍，就一個人在大阪池田的家裡研發速食麵，經過無數次失敗才終於成功。他在一九五八年發明「雞湯拉麵」後，又在一九七一年發明「合味道」杯麵，以使用杯子、叉子更方便的食用方式，把速食麵推向全世界。

日清公司一九九九年在大阪池田設立「インスタントラーメン發明記念館」（直譯速食拉麵發明紀念館），二〇一一年又在橫濱設立「安藤百福發明記念館」（又稱Cupnoodles Museum，カップヌードルミュージア

日本橫濱「安藤百福發明記念館」收藏的全世界第一種速食麵

ㄙ），把安藤百福視為發明家。

安藤百福其實是台裔日籍的企業家，本名吳百福，嘉義朴子人。他生長於日本統治台灣時代，從小父母雙亡，由祖父母養大，年輕時就到日本發展，戰後歸化日本。但在「安藤百福發明記念館」的展示中，我找不到他出生台灣的資料。

曾有媒體報導，速食麵的發明者並非安藤百福，而是當年在日本的台灣屏東人張國文；張國文以台灣「雞絲麵」的靈感，發明速食麵並取得專利，但後來把專利權賣給安藤百福。但我認為，不管此一說法是否屬實，安藤百福畢竟是以企業化生產速食麵的第一人。

台灣的速食麵（泡麵），在港澳稱「即食麵」，中國大陸稱「方便麵」，新加坡、馬來西亞華人稱「快熟麵」。香港也常稱「公仔麵」，因為這是香港第一種即食麵的品牌，所以成為即食麵的代名詞。

台灣美食全球化代表：泡沫紅茶與珍珠奶茶

台灣原創美食能夠流行全球者，當推英文譯為 Bubble Tea 的「泡沫紅茶」與「珍珠奶茶」，自一九八〇年代在台灣發明、崛起後，從華人世界逐漸擴展到亞洲、美洲、歐洲地區。

二〇一一年，英國倫敦黃金商業區、國際名牌店集中地的牛津街（Oxford Street），出現一家英國人經營的台灣 Bubble Tea 專門店，店名 Bubbleology，就是 Bubble+ology。哇！還「氣泡學」呢！Bubbleology 的店員，穿著的 T 恤上寫著 Bubbleologist，變成了「氣泡學家」。

Bubbleology 引進台灣的材料和作法，加以創意、時尚的包裝和行銷，至今生意興隆，已在歐洲開了幾十家分店，甚至拓展到中東地區，以及美國南方的佛羅里達州。

但在台灣，到底是誰發明了泡沫紅茶與珍珠奶茶？卻出現了爭議。我多年前當記者時，曾訪問台中「春水堂」（前身是陽羨茶館）的劉漢介先生，他說明他先在一九八三年創造泡沫紅茶，一九八八年在泡沫紅茶中加入牛奶、粉圓再創造珍珠奶茶的思考及過程：

一、台灣人為什麼不喝紅茶？台灣全年真正低溫不過兩個月，台灣人為什麼不喝清涼的茶？他想顛覆華人傳統喝熱茶的習慣，創造好喝的冷飲茶。

二、他做實驗，以現泡茶葉，過濾後倒入西方的調酒器（Shaker），加入冰塊和糖，前後搖晃，產生細微泡沫，並讓溫度降至攝氏十度。此時再倒入杯中，只見泡沫向上升起、茶味穿鼻而出，泡沫紅茶於焉誕生。喝到最後一口，咀嚼冰塊以除甜膩。

泡沫紅茶推出後大受歡迎，幾年後在泡沫紅茶裡加了鮮奶和粉圓，升級為珍珠奶茶。珍珠奶茶的粉圓，以樹薯粉、番薯粉等澱粉為材料，煮熟後呈透明、小圓球狀，可做成不同大小、顏色及口感的「珍珠」。珍珠奶茶還搭配獨特的大口徑吸管，用來吸取粉圓。結果，珍珠奶茶比泡沫紅茶掀起更大的風潮。

後來，香港形容大胸脯女人的「波霸」一詞，在台灣成為流行的台式國語後，就有業者推出號稱粉圓特大、鮮奶最多的「波霸奶茶」，變成茶飲料市場的噱頭。

日本人稱珍珠奶茶為「タピオカティー」（tapiokatī），直譯是樹薯茶。但美國人把珍珠奶茶譯為 Pearl milk tea，把波霸奶茶直譯為 Boba milk tea 或 Boba tea。

有人認為，珍珠奶茶不算什麼發明。但我認為，食材要混搭得好，也需要創意，粉圓在剉冰裡還是粉圓，但搭上奶茶就變成珍珠了！

珍珠奶茶已成為台灣茶飲料的代名詞，台灣人簡稱「珍奶」。今天，台灣一般的珍珠奶茶攤店，提供幾十種冷熱飲料的點單，還可以選擇甜度。此外，店員的搖茶功夫，茶杯的自動封口機，吸管的大小口徑，也都可見用心和趣味。

沙士與汽水

二〇〇五年九月，我跟當時文建會組的團攀登玉山，在攻頂、下山後，隨即搭遊覽車回台北，車上突然有人說想喝沙士，結果全車鼓掌！

團長隨即請司機在最近的商店停車，買到了冰涼的黑松沙士，一人一罐，安慰了一群乾渴的靈魂。

一九五〇年在台灣誕生的黑松沙士，至今依然是可口可樂打不倒的台灣味汽水。像我雖不常喝汽水，但每次都買整箱二十四入小罐的黑松沙士，以備不時之需。

「沙士」英文 Sarsaparilla 簡略的音譯，這是墨西哥的草本植物，當地原住民用來做成解渴飲料。在十九世紀，美國有廠商以沙士製造了汽水（碳酸飲料），在飲料市場曾經流行，但後來被一八八六年誕生的可口可樂逐漸取代。

二十世紀初，沙士汽水也在香港、廣州、上海等大城市販售，這大概就是「沙士」中文譯名之始。

在台灣，張氏家族在日本時代一九二五年以「富士」、「三手」品牌的彈珠汽水起家，在一九三一年推出「黑松」品牌的汽水，直到戰後一九五〇年才推出黑松沙士。此後，黑松沙士在台灣幾乎成為沙士的代名詞，並逐漸在台灣人心中建立難以取代消暑、解渴的品牌形象。

現在台灣中老年輩的人，都有喝沙士的童年記憶。當年，孩童感冒、中暑時，大人常會給他們喝沙士，變成了「民俗治療」。夏天時，很多人喝沙士喜歡加鹽，以補充身體因排汗而流失的鹽分。

說到汽水，台灣最早在什麼時候有汽水呢？

汽水是讓二氧化碳溶於水中，成為有氣泡的飲料。英國人在一七七〇年代發明汽水（Soda water，蘇打水），隨後法國人研發了製造汽水的機器，汽水才逐漸在歐美國家流行。

在清法戰爭期間（一八八三年十二月至一八八五年四月），法國（當時稱法蘭西，France）軍隊曾在基隆待了八個月，給基隆留下一句台語俗語：「法蘭西水，食一點氣。」

相傳當時有法國士兵在基隆販賣汽水，基隆人第一次喝到這種有氣的水，稱之「法蘭西水」。喝「法蘭西水」有什

玻璃瓶彈珠汽水。
（圖片來源：
BrokenSphere @ Wikimedia Commons）

麼特別？就在「食一點氣」而已。

但台語「食一點氣」另有含意，有如華語的「爭一口氣」，「人爭一口氣，佛爭一柱香」，做人要有志氣啊！正如當時基隆雖被法軍攻下，但清軍努力阻止法軍再進攻台北，也是為了爭一口氣吧。

台灣另有一句台語俗諺：「Ramune，食一點氣」，Ramune是日文「ラムネ」，源自英文Lemonade，就是檸檬水或檸檬汽水的意思。日本人在一八七六年生產檸檬口味的玻璃瓶彈珠汽水，稱之「ラムネ」，在日本非常流行，後來也傳到台灣。

直到今天，歐洲人還是很喜歡喝汽水，甚至常喝沒有味道的礦泉汽水。幾年前我去比利時探親，發現在台灣常見的雀巢檸檬茶，在比利時竟然是有氣泡的！

歐洲人為什麼特別愛喝汽水？大概因為歐洲人一般相對吃得比較油膩，汽水的氣泡在口中有去油解膩的作用。

蓬萊米與在來米的故事

台灣俚諺說「食飯皇帝大」，又講「一樣米飼百樣人」，罵人「食米毋知米價」，可見台灣人對米的重視。

今天，一般人大概知道所吃的白米飯叫「蓬萊米」，但可能不知道名稱從何而來？大概也聽過「在來米」，但也可能不知道名稱從何而來？

談米，就要從稻說起。事實上，台灣氣候溫暖、潮濕，非常適合稻米生長，米食文化淵遠流長。

根據考古學者研究，在台灣南端恆春半島墾丁遺址發現稻殼印紋陶片，這是目前台灣所見最早的稻米栽培證據，證明至少在新石器時代中期（距今四千至五千年前）台灣已有人種稻了。此外，台北的圓山文化（距今兩千至四千五百年前）也有種稻的遺跡。

十七世紀荷蘭人殖民台灣後，台灣開始發展農業經濟，招募中國閩粵居民渡海前來開墾，並引進耕牛，稻米逐漸成為台灣重要的農作物。

台灣與其他米食國家相比，還擁有「稻米多樣性」。

稻種依性質主要可分成秈稻、粳稻、糯稻三大類，秈米硬而鬆散，糯米軟而濕黏，粳米則介於兩者之間。台灣在清代以前，稻種只有秈稻和糯稻，白米飯是用秈米煮的。

到了日本時代，台灣總督府看上台灣氣候適合種植稻米，有助解決日本糧食不足，但日本人長期食用日本的粳米，吃不慣台灣的秈米，所以台灣總督府就找來日本稻作育種專家磯永吉，引進日本粳稻在台灣試種。

一九二六年，台灣總督府宣布日本粳稻在台灣改良種植成功，以日本人稱台灣又名「蓬萊仙島」，把這種米命名為「蓬萊米」（ほうらいまい，hōraimai），並回銷日本。後來，磯永吉被稱為「蓬萊米之父」。

此後，台灣改以種植粳稻為主，台灣人日常吃的白米飯，也逐漸從秈米變成了「蓬萊米」（台語音 hông-lâi-bí）。台灣在日本時代開始生產著名的「紅標米酒」，也是以「蓬萊米」釀造。

台灣本來的秈米，雖然不再用來煮白米飯，但因比較適合做粿（粄）、米粉、米篩目等，所以繼續被食用，但

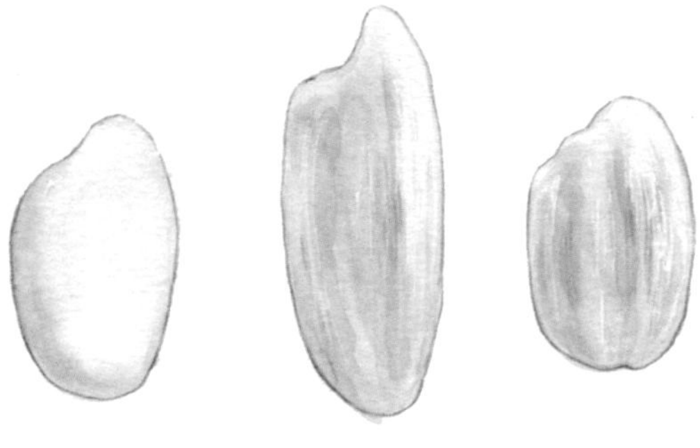

粳米　秈米　糯米

日本人為了區分「蓬萊米」，就為秈米以日文漢字取了一個名字叫「在來米」（台語音 tsāi-lâi-bí）。

日文漢字「在來」（ざいらい，zairai）有向來、一直以來的意思，例如日本鐵路的「在來線」，就是指「新幹線」之前本來就有的鐵路，兩者軌距不同。因此，台灣的「在來米」就是指在「蓬萊米」之前本來食用的米。

如此，台灣在糯米、在來米（秈米）之外，又多了蓬萊米（粳米），使台灣擁有世界的三大類稻種，豐富了台灣的米食文化。

糙米

有人問糙米是什麼米？糙米不是稻種，糙米是與白米對比，指稻穀脫殼後保留粗糙皮層、顏色較深的米。糙米磨去皮層，即所謂的米糠，就變成白米。糙米雖然口感較硬，但保留了稻米完整的營養。台灣現在一般吃的糙米，大都是蓬萊米的糙米。

中文的糙米，就是日文的「玄米」，英文稱之 Brown rice。

考番薯

在台灣，番薯是補米糧之不足的食物，也是在惡劣環境展現生命力的精神象徵。

番薯原產於中南美洲，一般認為自十五世紀末由西班牙人散布到全世界。台灣的番薯從何而來？一般認為先是西班牙人帶到菲律賓呂宋，再由中國福建人從呂宋帶回原鄉，最後隨福建移民帶來台灣。

有關番薯自呂宋引進福建之說，根據清代文獻記載，有說番薯是明萬曆年間由閩人得之呂宋，初種於漳郡，漸及泉州、長樂（福州）；或更詳細說一五九三年明萬曆福建長樂人陳振龍自呂宋帶回福州，由當時福建巡撫金學曾推廣種植，以解決糧荒。

但中研院台史所翁佳音卻指福建的番薯是從台灣傳過去的，他所引用的史料如下：

一、明萬曆福建連江文人陳第，在一六〇三年發表的台灣遊記《東番記》，就記載台灣有番薯。（明代官方文獻稱台灣為東番。）

二、荷蘭人在一六二四年來台灣之後，荷蘭文獻也說在台灣看到番薯。（野生番薯，非人工栽種。）

三、一六三六年的福建方志《海澄縣志》說：「甘藷，俗名番薯，以其種自東番攜來也。」

翁佳音認為，早年西班牙人船運美洲番薯到菲律賓呂宋島的馬尼拉，福建漳州人渡海去呂宋做生意，攜帶番薯返鄉時，先在中途的台灣「淤開」（蔓延）。

對翁佳音之說，我在台灣文獻中找到一筆佐證資料，一六一七年明萬曆福建漳州文人張燮撰寫的《東西洋考》說：「甘藷漳名番藷，以其自東番攜來也。」（中國明代的東洋、西洋大致以南海為界，南海的東方稱之東洋，反之則為西洋，所以才稱「鄭和下西洋」。）

綜合上述資料，可以推論番薯是從呂宋傳到台灣和福建，至於先後則缺乏更明確的證據。不過這些資料已夠證明，番薯不是鄭成功帶來的！很多人談到台灣最早的東西，都愛歸功「開台民族英雄」鄭成功。

在明清文獻，對番薯的寫法還有甘藷、甘薯、番藷，在中文用詞上「薯」通「藷」，但「甘」字從何而來？根據明末科學家、政治家徐光啟一六〇八年《甘藷疏》，對「甘藷」的解說是：「藷有二種，一名番藷，一名山藷，番藷甚甘，山藷稍劣。」以口味來區分本有的山藷和外來的番藷，這應該就是甘藷、甘薯之名的由來。

台灣在日本時代對番薯有兩種寫法，一是「甘薯」，一是「蕃薯」。為什麼在「番」字上面加了草（艸）頭？原來這是日本人加的，因為日文漢字「番」並不是對外族、外來的歧視用詞，而是有號碼、順序、值班的意思，日本人看到「番人」二字會以為是值班的人，所以才把「番」改成「蕃」，「番薯」也跟著變成了「蕃薯」。

我對番薯還有台語讀音的疑問，台語的「番」，漳泉音都念作 **huan**，為什麼番薯的「番」卻大都念作 **han**，只有少數的腔調念作 **huan**？如果說是 **huan** 走音變成了 **han**，似乎不大合理，為什麼用在其他的番麥、番薑、番鴨、番仔火等，就都念作 **huan** 而不會走音呢？

我把問題貼在臉書請教台語文專家，結果許嘉勇先生回應說，這應該是語言學上的「減音」（省音）現象，番薯的「番」本來念作 **huan**，後來變做 **han**，甚至進一步變做 **an**（新竹、金門偏泉腔），而且是特例，所以並未發生在番麥、番薑等上。

對許嘉勇的說法，台語文研究者潘科文回應說，番薯與番麥大約在同一時期引進漢人社會，但對名稱的使用率不同，以一八八五年至一九六八年《台灣教會公報》的語料來計算，「番薯」出現的次數是「番麥」的五倍；愈常用的語言，愈容易發生音變，這解釋了為何番薯發生音變，而番麥保留原音。

台語文研究者杜建坊則回應指出，番薯的「番」漳音文讀**huan**、白讀**han**，有如「還」的漳音文讀**huân**、白讀**hân**；番薯成詞比番麥、番薑等早，番薯的「番」最早大都念白讀**han**，到了番麥、番薑等成詞時，「番」已不流行白讀而變成文讀**huan**，造成後來只有番薯的「番」念**han**，其他的「番」都念**huan**。

我在閱讀英文維基百科有關番薯的相關資料時，看到一種說法：根據放射性碳定年法（**Radiocarbon dating**），在公元一千年以前，早在西方探險家「發現」美洲之前，太平洋中南部玻里尼西亞（**Polynesia**，在夏威夷、紐西蘭、復活節島三個端點之間的區域）擅長航海的南島語族，可能已從中南美洲帶回番薯。

以此來看，與玻里尼西亞同屬南島語族的台灣、東南亞地區，似乎也有可能在西班牙人之前就引進番薯。

台灣像番薯之說，由來已久。台灣的形狀像番薯，台灣的精神也像番薯，除了因番薯雖低賤但生命力極強，也因番薯從清代以來就讓台灣在窮困時期免於發生饑荒。

因此，宜蘭民主運動先驅郭雨新寫的詩句：「千年根，萬年籐，番薯毋驚落土爛，只求枝葉代代湠」（湠音**thuànn**，蔓延、擴散之意），很能反映台灣人的心聲。

台灣人自稱番薯，根據我當記者時採訪台灣史學者許雪姬有關日本時代台灣人在中國大陸的口述歷史，應該從日本時代開始。當時台灣人前往中國被日本人控制的地區工作，一方面被日本人視為親中國，一方面被中國人視為親日本，所以台灣人常不願說自己來自台灣，彼此相稱「番薯仔」。

戰後，中國大量各省移民來到台灣，台灣民間出現了以番薯比喻本省人、芋仔（芋頭）比喻外省人的說法。其實，如前所述，台灣的番薯是外來的，反而芋仔才是本土的，千年以前就是南島民族原住民的主食。

不管如何，外省人與本省人通婚很普遍，而台灣農業居然也種出叫「芋仔番薯」的新作物。

台灣像鯨

台灣像鯨之說，則是晚近的事。橫看台灣，也確實像海中之鯨，所以在一九九六年台灣首屆總統大選中成為民進黨的競選標誌。這是「海洋台灣」的新觀念，以鯨比喻台灣，期許本是海島的台灣，應該走向海洋思維，展現進取、包容的特色。

二〇〇二年，我當記者時曾採訪荷蘭人蘭伯特（Lambert van der Aalsvoot）在台灣發表《風中之葉：福爾摩沙見聞錄》，全書以兩百五十多張圖像解說十六至十九世紀外國人眼中的台灣印象。

在幾幅古地圖中，台灣看起來真的很像一片葉子。蘭伯特說，他五年來在全世界蒐集、整理，意外拼湊出台灣的命運有如「風中之葉」不得自主的命運。

泥土裡的番薯，海上的鯨，風中的葉，都是台灣的容顏，也是台灣的精神資產，讓台灣人了解自己，開創未來。

台菜料理最佳配角之紅標米酒

台灣最常見的米酒為什麼叫「紅標米酒」？一般人都知道來自酒瓶上的紅色標籤，但很多人不清楚這種庶民米酒的歷史和特色。

我有一次參觀台中文化創意產業園區（原台中舊酒廠），意外在展示櫃上看到台灣「紅標米酒」的前身——日本時代的「赤標米酒」——的空酒瓶，我高興得好像吃了一碗麻油雞酒。

現在的紅標米酒，全稱是紅標料理米酒，多年來一直是台灣家庭與餐廳不可或缺的烹調用酒，如果漲價或缺貨就會造成重大的民生問題，早年還常發生因喝到假米酒而中毒的社會事件。

紅標米酒也是台灣料理的要角。二〇一一年，觀光局在北京舉辦「美食饗宴——台灣真情味」百桌千人宴，邀集台灣十大名廚前往「辦桌」，做菜調味用的紅標米酒，必須隨廚師從台灣空運過去。

至於台灣人愛吃的麻油雞、燒酒雞、薑母鴨、羊肉爐，可說沒有紅標米酒就端不上桌了。因此，曾經在紅標米酒嚴重缺貨時，有些薑母鴨、羊肉爐餐廳乾脆停業。

台灣米酒有何獨特？必須比較才知。首先，日本清酒、中國米酒是釀造酒，台灣米酒則是蒸餾酒，酒精濃度較高。更不同的，台灣早年盛產蔗糖，紅標米酒的成分約有一半是甘蔗糖蜜酒精（真正的比例是商業機密），所以在酒香中還多了甜味。

紅標米酒加了糖蜜酒精，不但可降低成本，而且米蔗合一的獨特酒味，也擄獲了台灣人的味蕾。因此，台灣雖然也生產「米酒頭」等純米酒，但銷售量遠不如紅標米酒。

根據中研院台史所翁佳音的研究，早在十九世紀以前，台灣人因喝不起純米釀造的酒，窮則變、變則通，為了節省用米，就加了製糖剩下的糖蜜，以阿拉伯、東南亞地區的「火酒」（Arak）蒸餾法來造酒，居然做出別有風味的米酒。

台灣到了日本統治的一九三〇年代，因採用「阿米諾法」（Amylo process）的技術，才開始機械化大量生產以蓬萊米（粳米）蒸餾酒加甘蔗糖蜜酒精製成的台灣米酒。最早的台灣米酒有三種，依酒精度以號碼區分，後來改以顏色稱之赤標、金標、銀標米酒。

日文漢字稱紅為「赤」，日本時代的赤標米酒（酒精度二十），就是現今紅標米酒（酒精度十九點五）的前身。

台中文化創意產業園區展示台灣在日本時代生產的「赤標米酒」

豆科舶來品：敏豆、菜豆、荷蘭豆

我去菜市場，一位菜販講台語向我推銷很「幼」（iù）的「敏豆」（bín-tāu）。台語的敏豆就是華語的四季豆，四川菜有一道「乾煸四季豆」非常有名。「敏豆」之名從何而來？哈！請不要想到雀巢（Nestle）巧克力糖果「聰明豆」（Smarties）去了。

四季豆原產於中南美洲，英文稱之 Green bean。在台灣清代文獻中，找不到「四季豆」或「敏豆」，但可以找到「菜豆」（即豇豆）。豇豆、四季豆都是豆科蔬菜，也都是長條形，但豇豆較長，故又稱長豆。

在台灣，豇豆比四季豆更早引進，因為可以當蔬菜吃，台語稱之菜豆；後來再引進的四季豆，其實也是一種菜豆，難怪有人常會搞混了。

敏豆的「敏」怎麼來的？《馬偕日記》中文版（二〇一二年出版）提供了有趣的解釋。傳教士馬偕在台灣期間（一八七一年～一九〇一年），從海外引進九重葛、四季豆等植物來台灣，有人第一次看到四季豆，就問這是什麼？馬偕以英語回答：Bean。後來，Bean 就被以台語音譯為「敏」，稱之「敏豆」，以與本來就有的「菜豆」（豇豆）

區別。

「Bean＋豆」變成「敏豆」的譯法，可以找到其他的例子：「Card＋片」變成卡片，「Car＋車」變成卡車。

荷蘭豆顧名思義與荷蘭有關。根據台灣清代文獻，《台灣志略》（一七三八年）說：「荷蘭豆如豌豆然，角粒脆嫩，清香可餐。」《重修鳳山縣志》（一七四五年）說：「荷蘭豆，種出荷蘭，可充蔬品，其色新綠，其味香嫩。」豌豆原產於地中海及西亞，說在十七世紀由荷蘭人引進台灣，也是合理。

台語稱荷蘭為 **hô-lân**，荷蘭豆的台語發音有 **huê-liân-tāu**、**hoo-lian-tāu**，接近「荷蘭」的音；另有 **hô-lîn-tāu**、**hôo-lin-tāu**、**hû-lin-tāu**，接近「荷仁」的音。

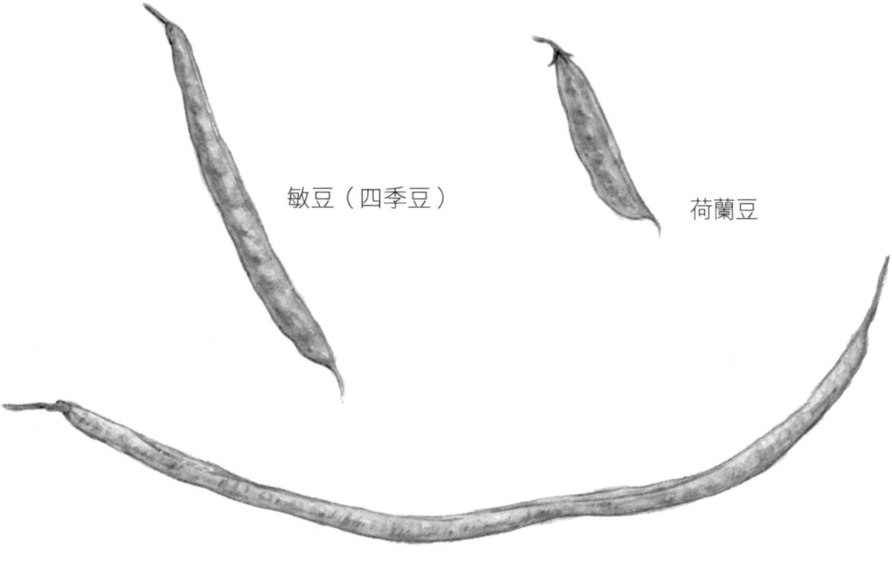

敏豆（四季豆）　荷蘭豆

菜豆（豇豆）

長年菜，南北有別

台灣的過年習俗，家家戶戶都要準備具有長壽涵義的「長年菜」，一般在除夕「圍爐」吃年夜飯就要吃，有的家庭連吃幾天直到「初五隔開」。

但是，很多人吃了很多年的長年菜，都沒注意台灣的長年菜有兩種，南北不一樣！

根據我對臉書朋友的調查，從台灣北部至嘉義，以及宜蘭、花東地區，長年菜是芥菜（有人依台語發音寫成刈菜）；從台南以南至屏東，長年菜則是菠菜（台語稱菠薐、菠薐仔、菠薐仔菜）。不過，南部客家人的長年菜也是芥菜，應該與客家人善於用芥菜製作各種鹹菜有關。

為何選擇芥菜作為長年菜？因為在一般蔬菜中，芥菜的葉片最大最長，象徵長命百歲。芥菜的作法是整葉撕下煮肉湯，最初有點苦味，但愈煮愈甘甜，象徵人生苦盡甘來。

菠菜作為南台灣的長年菜，也是自古有之。菠菜性喜冷涼氣候，台灣的冬天是菠菜的盛產季節。台灣日本時代的文人連橫在《台灣通史》中說：「菠薐……台南謂之長年菜，以度歲須食之也。」

菠菜比起芥菜相對小了很多，所以要整株連根帶葉整一起烝煮，吃時也要整株吃不能切斷，以取其長壽。家庭裡如果有小孩，就會特別選較小株的菠菜。有人也特別選紅根菠菜，沾點紅色的喜氣。

菠菜

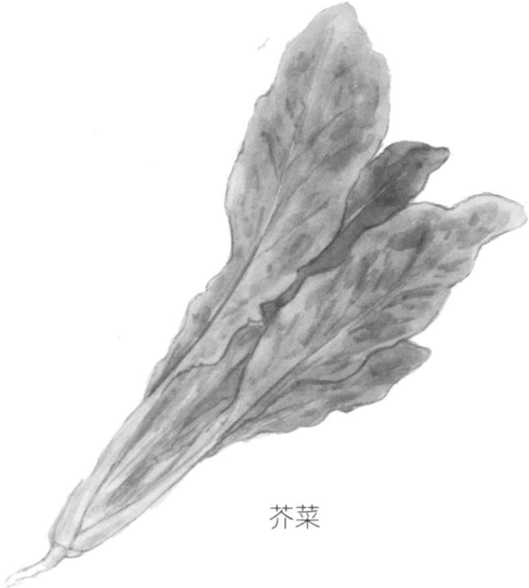
芥菜

韭菜久菜

記得多年前有次與友人聚餐，餐廳老闆娘端上一道炒韭菜，朋友隨口問她，為什麼吃韭菜可以壯陽？她用台語說，就是吃了會「久久長長」（ku kú tn̂g tn̂g）啦！只見她才說了一句就吱吱咯咯笑個不停了。

我本想，華語「韭菜」的台語叫 **ku-tshài**，但華語「韭」（ㄐㄧㄡˇ）字的台語應該不是念 **ku**，台語 **ku-tshài** 的 **ku** 應該另有其字。我查了教育部《台灣閩南語常用詞辭典》，結果台語的 **ku tshài** 與華語一樣都寫作「韭菜」。

我再查中文辭書，東漢許慎《說文解字》：「韭，菜名。一種而久者，故謂之韭。象形，在一之上。一，地也。」這裡除了指「韭」是象形字，也說明這種菜種一次可以長很久（在古文中「穜」同「種」）。清段玉裁《說文解字注》則說：「韭久疊韵」（即韻母相同）。

韭菜是多年生草本植物，適應環境的能力很強，頂端的生長點可再分長，大概因此也稱之「久菜」。根據《台灣閩南語常用詞辭典》，「韭」與「久」的文讀 **kiu**、白讀 **ku**，發音都一樣。以此來看，台語 **ku-tshài** 就既是「韭菜」也是「久菜」了。

韭菜是否有壯陽功能？因為唐陳藏器《本草拾遺》提到「益陽」，明李時珍《本草綱目》也釋名「起陽草」，似乎有所根據。但韭菜真是男人的「威而鋼」？好像沒看到現代的醫學研究。

韭菜原產於中國或中亞，中國人吃韭菜的歷史也很長久，《詩經》記載「獻羔祭韭」，就是以羊肉和韭菜祭祀。

韭菜全年可長，但以農曆二月最好吃，所以台灣俚諺談當季蔬菜說：「正月蔥，二月韭，三月莧、四月蕹……」唐杜甫也有詩句：「夜雨剪春韭，新炊間黃粱。」

韭與蔥、蒜同是蔥屬植物，也同被佛教列為「五辛」（五葷）的葷食。韭菜雖然是宗教「素食」的禁忌，但以健康「蔬食」來看，卻是好吃、營養又便宜的蔬菜。

竹筍與筍

竹筍指竹子地下莖未出土，或剛出土未木質化嫩芽，可作為蔬菜食用。竹筍也簡稱為筍，但在台灣稱為筍的卻不一定是竹筍。

台灣整年產筍，從春天的箭竹筍、桂竹筍、夏天的綠竹筍，到秋天的麻竹筍、冬天的孟宗竹筍等，都非常好吃，吃不完還可做成筍乾、筍絲、桶筍、醬筍等，也很有風味，這真是台灣人諸多「小確幸」之一。

中國宋代文學家蘇東坡說：「可使食無肉，不可居無竹；無肉令人瘦，無竹令人俗。」對現代的都市人來說，想要居有竹談何容易，但吃肉搭配竹筍或可少些俗氣。

在台灣，很多人最愛綠竹筍做成「涼筍」的清甜，「冬筍」燉雞湯的醇厚，以及桂竹筍的酸氣，而筍乾爛肉也很好吃。至於「竹筍炒肉絲」，雖然也是常見的菜，但常被用來比喻老師用竹鞭打學生的手心、屁股。

我的阿美族朋友以撒克．阿復，最愛吃苦甘味的箭竹筍（阿美語 lah-Jih），整年都在po臉書。我終於忍不住問他，阿美族在冬天也能種出箭竹筍嗎？答案揭曉，原來是我笨，可以冷凍起來啊！

在台灣，有些可食用植物雖然與竹子無關，但因為形狀或口感類似竹筍，在名稱上也被連上了筍，例如：蘆筍、茭白筍等。

最特別的是有一種叫「半天筍」，竟然是檳榔樹的嫩心（結穗組織），如果取下來吃，檳榔樹就無法存活結果。日本時代文人連橫在《雅言》中說：「台南肴饌之奇者，尚有半天筍。半天筍者，檳榔也。幹高二、三丈，葉如鳳尾，搖曳空中；遭風摧折，取其葉心，切片炒肉，較之春筍，味尤甘脆。」

有趣的是，某些魚類的幼魚也被連上了筍，例如「花飛筍」（鯖魚的幼魚）、「紅甘筍」（紅甘鰺的幼魚）等。

台語有句俗話「歹竹出好筍」，直譯

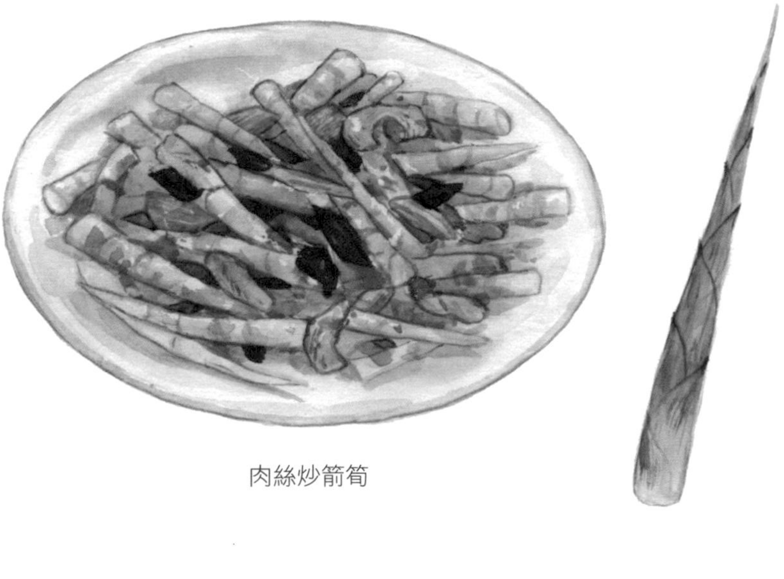

肉絲炒箭筍

是：不好的竹子卻長出好的竹筍。二〇〇二年，當時我是記者，行政院客委會是我的路線之一。有一天，剛上任的客委會主委葉菊蘭，約媒體記者下午茶閒聊，那天我放假，就帶著念小學的小女兒前往。葉主委一看到我的小女兒，就用台語跟我說：「歹竹出好筍！」意思是：我長這副模樣，怎生出漂亮女孩？

當然她是開玩笑，但我馬上學起來，這句話拿來自嘲或與好友開玩笑，非常好用。後來我才找到這句話的完整版「歹竹出好筍，好竹出痀崙」（痀崙音 ku-lûn，指駝背的瘤），比喻出身不好的人也能生出好後代，而富貴人家也會生出不成材子孫。這句話可用來鼓勵處於惡劣環境仍能成長茁壯的人。

白蘿蔔與紅蘿蔔

白蘿蔔與紅蘿蔔，或台語、客家語說的白菜頭與紅菜頭，看來似乎只有大小和顏色的不同，其實是完全不同的植物。

蘿蔔是十字花目、科，雖然有白蘿蔔、青蘿蔔、櫻桃蘿蔔等品種，但在台灣說蘿蔔一般就是指白蘿蔔。白蘿蔔體型最大，在東亞常見。櫻桃蘿蔔嬌小許多，大都紅皮白肉的品種，則在歐美常見。

紅蘿蔔不是紅色的蘿蔔，而是胡蘿蔔的俗稱，胡蘿蔔因顏色橘偏紅而被稱為紅蘿蔔。胡蘿蔔是繖（傘）形目、科，原產於西南亞，在十三世紀由蒙古帝國傳入中國，因長得像中國的蘿蔔而被冠了「胡」字。明李時珍《本草綱目》對胡蘿蔔釋名：「元時始自胡地來，氣味微似蘿蔔，故名。」

在台灣，「菜頭」（蘿蔔）是秋冬當季，以鹽醃、曝曬可做成「菜脯」（蘿蔔乾）。胡蘿蔔雖然可在不同季節種植，但以秋天種植、冬季收成者最佳，《本草綱目》也提到胡蘿蔔「冬月掘根，生、熟皆可啖，兼果、蔬之用」。

教育部廣被使用的電子版《重編國語辭典修訂本》，對「蘿蔔」詞條的解釋：根的皮肉為白色者，稱為「白蘿蔔」；根的皮肉呈紅色者，稱為「紅蘿蔔」。此一辭典雖然另有「胡蘿蔔」詞條，但在「蘿蔔」詞條如此解釋白蘿蔔與紅蘿蔔，恐怕會引起誤解吧！

胡蘿蔔在十六世紀自中國傳入日本。日本人對白蘿蔔、紅蘿蔔的稱呼，則很容易區分，不會讓人誤以為是相同的植物。日文漢字稱白蘿蔔為「大根」（ダイコン，daikon），稱紅蘿蔔為「人參」（ニンジン，**ninjin**）。

我從小常聽人家稱紅蘿蔔為**ninjin**，後來才知道這是日文。日本人為什麼稱紅蘿蔔為「人參」？因為紅蘿蔔非常營養，也長得有點像「朝鮮人參」（高麗人參）。

後來，隨著日本料理風行歐美，白蘿蔔日文「大根」的羅馬拼音字Daikon，已融入了英文。英文稱櫻桃蘿蔔為Radish，所以稱「大根」為White radish、Daikon radish，或直接稱之Daikon。

近年來，由於海峽兩岸網路交流頻繁，台灣的蘿蔔（白蘿蔔）多了一個名字：「蘿卜」。原來，蘿蔔的簡體字「萝卜」，台灣網友「雄雄一看」，以為是「夢卜」，一時搞不清楚，這就變成了笑話。

「夢卜」的簡體字是「梦卜」，在中文有解夢占卜之意，但很多台灣網友故意搞笑，稱蘿蔔為「夢卜」。

芥菜的孩子：酸菜、覆菜、梅乾菜

在苗栗縣銅鑼鄉，由行政院客家委員會建立的客家文化園區，看到客家婦女醃漬芥菜的蠟像，讓人想到具有獨特鹹菜香味的客家料理。

台灣的客家菜別有風味，我們吃過「酸菜炆豬肚」（炆是燜煮的意思）、「酸菜鴨湯」、「福菜炆筍乾」、「福菜苦瓜湯」、「梅乾扣肉」、「梅乾蹄膀」等，但有人可能不知道，客家菜使用的酸菜、福菜、梅乾菜（梅干菜），其實都是用芥菜做出來的！

芥菜是台灣常見的十字花科蕓薹屬蔬菜，台語音 kuà-tshài，所以也被寫成諧音的「刈菜」，客家語則稱芥菜為「大菜」。

依台灣過年吃團圓飯的習俗，在南台灣以外的地區，芥菜又稱「長年菜」（南台灣的長年菜是菠菜），主要是芥菜的葉子在一般蔬菜中最長最大，用來象徵長壽。

在台灣的客家人，由於族群遷徙的歷史背景，加上較為艱苦的生活環境，發展了以勤儉精神來保存食物、物盡其用的飲食文化，例如以醃漬來保存容易腐壞的蔬菜，再以醃菜搭配肉類做出特色的客家料理。

台灣客家人以芥菜作為醃菜的材料，可謂表現得淋漓盡致。首先，利用稻作休耕期間來種植芥菜，就展現了勤儉精神。等芥菜收成後，再以傳統的醃漬方法，依不同時間的發酵、日曬和風乾，依次可以做成：

一、酸菜（客家語和台語都稱鹹菜）

把整株的新鮮芥菜，先經日曬一至三天後變軟，以一層菜、一層鹽的鋪排，再由人用腳把菜踩軟、讓鹽容易滲入菜裡，並在最上層以石頭重壓出水，最後再入甕密封。在甕中經過約一至二個星期的醃漬，菜因鹽的作用繼續出水，菜就在湯汁中發酵生出酸味，做成又香又脆的客家酸菜。一般的「酸菜心」只有酸味，而客家酸菜還帶有鹹甘味。

二、福菜（客家語稱覆菜，台語音 phak-tshài）

把做好的客家酸菜，再經日曬、風乾，在水分未完全乾燥時，撕成長條塞入瓶中，再把瓶子倒置，讓水分流出，最後再把瓶口密封，瓶子放正。經過約四至六個月的發酵，就做出比酸菜更有韻味、最具代表性的客家醃菜。由於製作過程把容器翻轉，客家語叫「覆」，所以做好的菜稱為「覆菜」，但一般以吉祥的諧音稱為「福菜」。

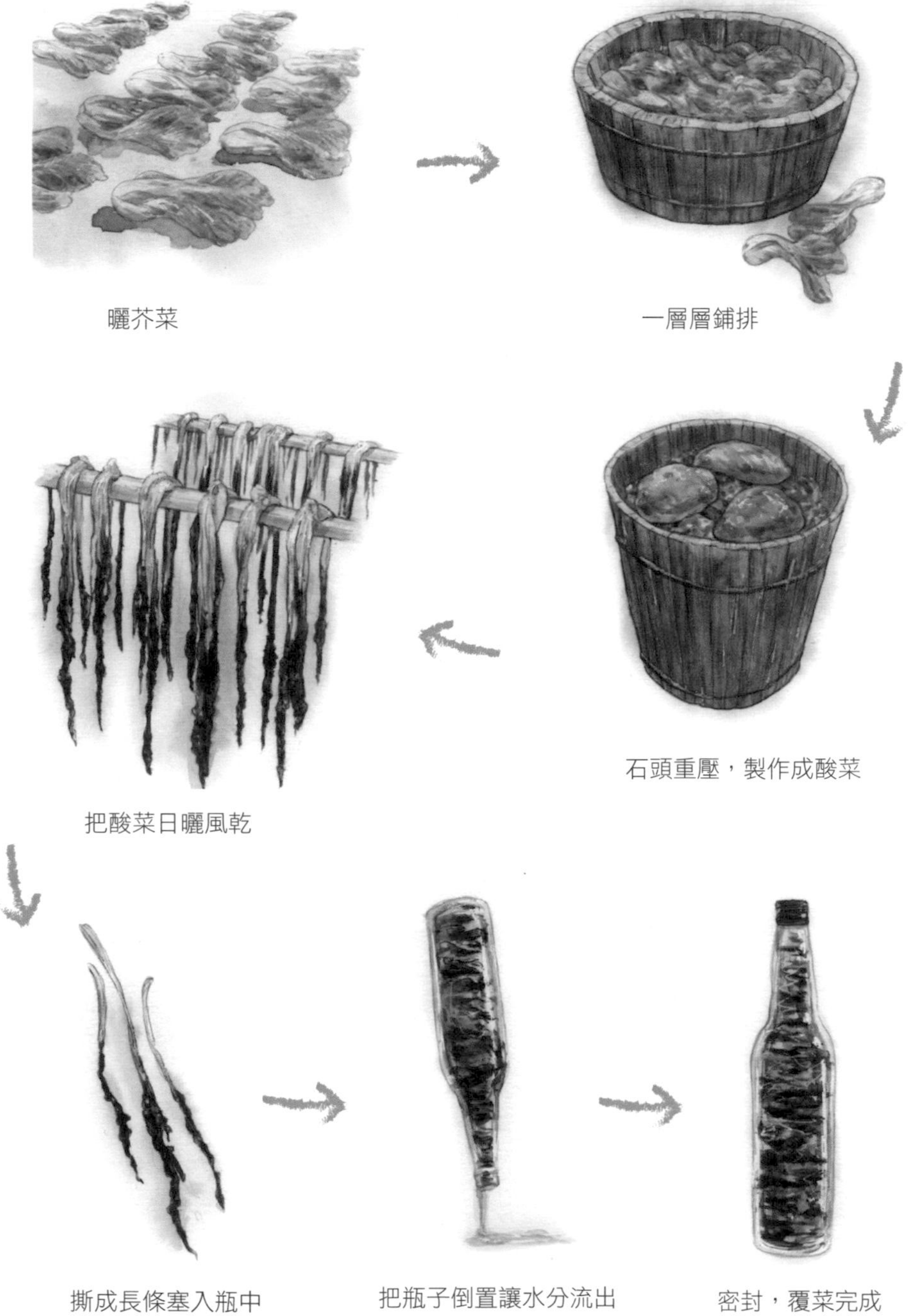
曬芥菜
一層層鋪排
石頭重壓，製作成酸菜
把酸菜日曬風乾
撕成長條塞入瓶中
把瓶子倒置讓水分流出
密封，覆菜完成

三、梅乾菜（客家語稱鹹菜乾，台語一般仍稱 phak-tshâi）

把做到一半的福菜，即經日曬、風乾但尚未放到甕裡密封之前，再經日曬、風乾，直到幾乎沒有水分，再將之捆紮成團，就做成更加甘醇、可耐久藏的梅乾菜了。一般梅乾菜只取葉子部分，但傳統客家梅乾菜是連梗帶葉做的，有捆紮、零碎兩種。

「大陸妹」菜名是歧視用語？

大約自二〇〇〇年以來，台灣出現一種俗稱「大陸妹」的蔬菜，最初一般人不以為意，但隨著中國大陸配偶及觀光客的增加，開始有人質疑「大陸妹」是否為歧視用語？

在台灣，「大陸妹」一詞是從香港傳過來的。在香港，「大陸妹」顧名思義指來自中國大陸的年輕女子，本來是中性名詞，但自一九七〇年代以來，由於有很多大陸年輕女子偷渡或辦假結婚來賣淫，「大陸妹」才逐漸變成負面用語。

「大陸妹」一詞最早應該是透過香港電影及影劇新聞傳到台灣，而台灣自一九八〇年代以後也有中國大陸年輕女子前來賣淫的情形，所以使用「大陸妹」一詞就愈來愈普遍了。

但「大陸妹」怎會變成蔬菜的名字呢？

原來，台灣有一種常見的萵苣類蔬菜，台語稱之「萵仔菜」（e-á-tshài），因為「萵」（e）與英文字母A諧音，大概「萵」字也不好寫，所以有人就寫成「A仔菜」，簡稱「A菜」。

在台灣有些地方，「萵仔菜」的台語稱之mé-á-tshài，所以有人就寫成「Me仔菜」、

「妹仔菜」。

後來，台灣從中國大陸引進新品種萵苣，可以稱之「大陸妹仔菜」，但有人戲稱為「大陸妹」，並逐漸流行起來。

從字面上來看，「大陸妹」作為蔬菜的名字，可謂此「妹」非彼「妹」，並沒有歧視的意思。然而，如果可能引起當事人聽了覺得不舒服，最好就不要用了。

冬菜本名是東菜

台灣的冬瓜、冬粉、冬菜都以冬為名，讓人想到與冬天有關，但有沒有合理的說法呢？冬瓜耐貯存可達一年，台灣清代文獻說冬瓜「四時皆有」，如果說冬瓜之名來自冬天還能吃到之瓜，有其根據。

冬粉是福建、台灣才用的名稱，中國其他地方稱之粉絲。我在本書有一篇談粉絲與冬粉已清楚說明，冬粉是「東粉」之誤寫，因為台語的「東」與「冬」同音（白讀音tang），東粉的全稱是「山東粉」。這種以綠豆粉做成的透明細條，在中國以山東產量最多、品質最好，因大都從山東的龍口港輸出海外，所以「龍口粉絲」成為粉絲代名詞。

冬菜之名由來，我在此也推論冬菜是「東菜」之誤寫，東菜的全稱是「山東菜」。為什麼？因為這種醃菜是以山東白菜加鹽、蒜頭做的。

台灣人對山東白菜並不陌生。台灣的清代文獻已提及山東白菜，日本時代文人連橫的《台灣通史》也說：「白菜有兩種：一曰土白菜，味微苦；一曰山東白菜，種出山東，味甚肥美，冬時盛出。」

從台語辭典來看，教育部《台灣閩南語常用詞辭典》使用「冬菜」（tang-tshài）的詞條，說這是「經過曬乾或鹽漬的山東白菜」。但日本時代的《台日大辭典》沒有「冬菜」卻有「東菜」（tang-chhài）的詞條，指這是「曝乾漬鹽的山東菜」，並有「東菜鴨」、「東菜草魚」的菜名。

然而，在中國大陸及香港對這種醃漬白菜也使用「冬菜」一詞，但並未解釋為何以「冬」為名。中國《漢典》對「冬菜」的解釋有二：一、用白菜或芥菜葉做成的乾菜；二、貯存起來冬季食用的蔬菜。

不過，我找到一個「冬菜」與「東菜」並用的例子：山東省日照市特產的冬菜，以當地生產的大白菜醃漬而成，色澤金黃、氣味醇香、口感微甜，因曾進貢北京給皇帝食用而稱之「京冬菜」，也寫作「京東菜」。

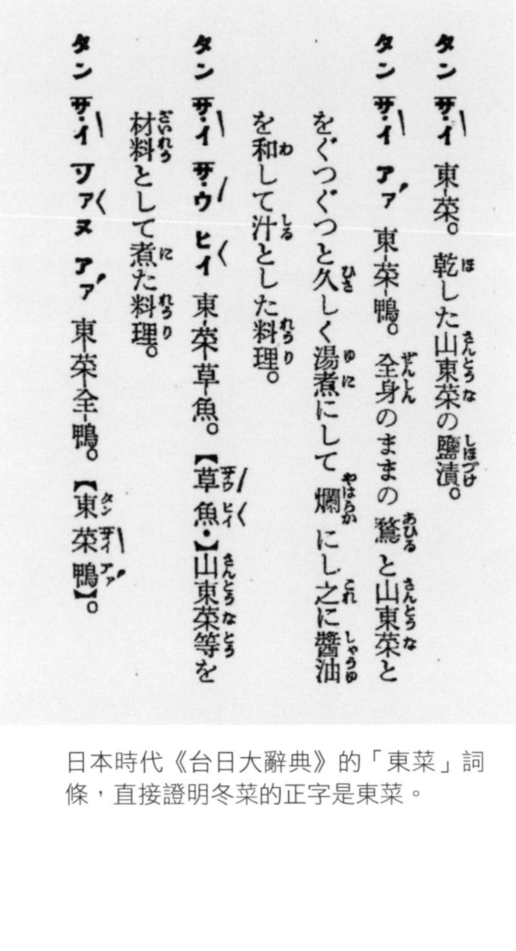
タン サイ 東菜。乾した山東菜の鹽漬。

タン サイ アア 東菜鴨。全身のままの鵞と山東菜とをぐつぐつと久しく湯煮にして爛にし之に醬油を和して汁とした料理。

タン サイ サウ ヒイ 東菜草魚。【草魚・】山東菜等を材料として煮た料理。

タン サイ ツァヌ アア 東菜全鴨。【東菜鴨】。

日本時代《台日大辭典》的「東菜」詞條，直接證明冬菜的正字是東菜。

台灣助選蔬果：鳳梨、蘿蔔、蒜頭（大蒜）

台灣每逢總統、縣市長、立法委員等選舉，在電視新聞、選舉場子上除了看到候選人、助選員，還有三大助選蔬果：鳳梨、蘿蔔、蒜。

三大助選蔬果可能出現一種、兩種，但在冬季，蘿蔔、大蒜是盛產期，鳳梨有時還能買到，所以常見候選人雙手捧著三種蔬果。

台灣習俗在喜慶場合要多講好話，吃飯時可講與食物名諧音的吉祥話，例如過年講「食棗，年年好」，入厝（搬新家）講「食雞，起家」，婚酒桌（喜酒）講「食芋，新郎好頭路，新娘緊大肚」。

祝賀時則可講與禮物名諧音的吉祥話，例如：贈送鳳梨，台語稱之「王梨」（ông-lâi），象徵「旺來」；贈送蘿蔔，台語稱之「菜頭」，象徵「好頭彩」、「好彩頭」。

台灣舉行民主選舉多年，在助選場合，傳統上是贈送候選人鳳梨、蘿蔔，但近年來新增了蒜，因為蒜與台語當選的「選」諧音，如果當季沒有大蒜（青蒜苗），就用蒜頭代替。

曾有國內外學者研究台灣的民主選舉文化，發現「當選」是最重要的助選語言。但國語「當選」（注音ㄉㄤ ㄒㄩㄢˇ，漢語拼音dāng xuǎn）的平上聲，並不足以展現氣勢，只有台語「當選」（tòng-suán）二字連續高降音調，最為有力，所以常在助選場合高喊。後來，新聞報紙才創造了與台語「當選」同音的「凍蒜」一詞。

在選舉最熱烈的造勢大會，司儀高喊候選人的名字，群眾齊呼「凍蒜」，工作人員同時搭配敲鼓兩響，現場氣氛High到最高點！

在傳統中文，「當選」指合適的人選，或應當的選擇，都與選舉無關。其實，台語「當選」一詞源自日文漢字「當選」（簡寫為当選，tōsen）。日本比中國更早引進歐美文化，並以漢字翻譯了民主制度的詞彙，例如：「選舉」、「當選」、「落選」等，後來才被中文引用。

日本統治台灣時期，經台灣人力爭多年，台灣總督府終於開放有限制的地方自治，允許基層議員半數官派、半數民選，並在一九三五年舉行第一屆市、街、庄議員選舉。這是台灣人第一次選舉投票，投票率高達百分之九十五，當時由台灣仕紳楊肇嘉主導的「台灣地方自治聯盟」，所推薦的候選人都具有大學學歷及正直人格，結果全部當選。

當時台灣會不會就有人喊「凍蒜」？根據日本時代的《台日大辭典》，也收錄了台語「當選」（注明是日語），但發音是tong-soán，也就是說那時的「當」（tong）是平聲，不同於現在的「當」（tòng）是去聲。

或許，台灣在戰後真正步入競爭激烈的民主選舉時代，台語「當選」二字才改念成最有力的 tòng-suán！

助選時，除了贈送鳳梨、蘿蔔、蒜，也可贈送包子和粽子，這是國語諧音「包中」的吉祥話。因此，有時也看到候選人收到「五合一」的助選禮物。

題外話，蒜可以冷凍嗎？答案是可以的，蒜頭（剝瓣）、蒜苗（切粒）密封冷凍，可以保存很久。

柳丁還是柳橙？

台灣的「柳丁」是甜而不酸、很受歡迎的柑橘類水果。根據一般說法：柳丁就是柳橙，台語的「橙」字被誤寫為諧音的「丁」。

台語「柳丁」的「丁」（ting）是「橙」的誤寫之說，我認為可以成立。假設在果菜市場，把難寫的字，找個諧音、簡單的字來代替，這並不難理解。如果柳丁就是橙，為什麼以「柳」為名？多年來一直沒有具說服力的答案。

根據中文維基百科的「柳丁」詞條，有一小段：陳冠學先生稱「柳橙」其實應寫成「鈕橙」，屬「臍橙」，其副果在果皮上形成類似肚臍的疤痕，狀似鈕扣，因而名之「鈕橙」。

我查到台灣作家陳冠學的原著《田園之秋》（一九八三年），其中有一句話：「紐橙即柳丁」，但沒有再加解釋。請注意，文中是寫「紐」橙而不是「鈕」橙。

我再找到臍橙的圖片，這種水果我以前也看過，但我很難聯想到鈕扣。

從植物學來看，芸香科的「柑橘屬」，包括了柚、柑、橘、橙、檸檬等，主要分布全球北緯三十五度以南，長期以來經過人工培育、雜交，產生了很多品種。至於「桔」

這個字，一般認為是「橘」的俗寫。

先說柑與橘有何不同？根據明李時珍《本草綱目》記載，「橘實小……其皮薄而紅；柑大於橘，其皮稍厚而黃。」

再來談橙，《本草綱目》說：「橙，產南土，其實似柚而香。」中國廣東以產橙著稱，粵語中文維基說：「橙由柚同桔雜交。」

至於「柳橙」二字，中國的《漢典》有「橙」字，但無「柳橙」一詞。台灣在日本時代的《台日大辭典》，也沒有「柳橙」、「柳丁」。台灣的教育部《重編國語辭典修訂本》則說「柳橙」又稱「柳丁」，但未說明由來。

從台語文來看，則不但沒有「橙」字，也沒有「橘」字（但有「桔」），而是大都稱為「柑」（Kam），例如：「椪柑」、「虎頭柑」等。現在一般說宜蘭盛產的「金棗」或「金橘」，其實台語本來叫「金柑」。

現在回到本文所要探討的問題，柳橙的「柳」從何而來？

根據農委會的資料：台灣的柳橙是甜橙品種，原產中國

柑

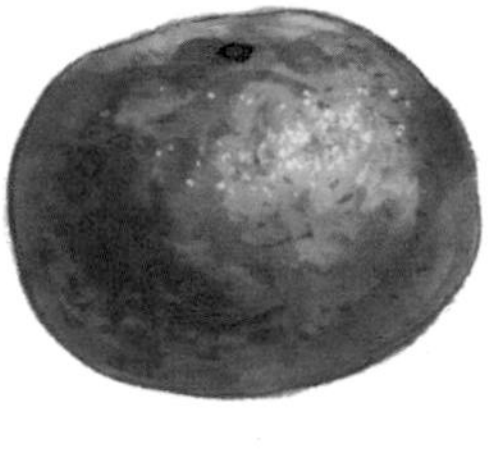
橘

橙

廣東（主要在新會），約一九三〇年引進（一九六〇年代以後才大量栽種）……柳橙成熟時果皮橙黃，不易與果肉分離（台灣的「柑」都是可以剝皮），頂部有一圈圓形印痕，因此又稱「印仔柑」。

原來台灣的柳橙來自廣東！我想到，廣東又稱「粵」，「柳橙」是否就是「粵橙」呢？我查了一下粵語字典，「粵」字念作 jyut（yuet，陽去聲），發音與台語的「柳」（liú）有些差距，所以我的猜想不能成立。

最後，中研院台史所翁佳音幫我找到廣東方志的資料，原來廣東在到十九世紀末就有「柳橙」的用字。所以，「柳橙」二字是對的，不必往「鈕橙」去想。

至於此橙為何以柳為名？或可推測，柳橙的果實由綠轉黃，綠時已可食用，不同與一般黃色柑橘，因而以柳之綠色稱之「柳橙」。

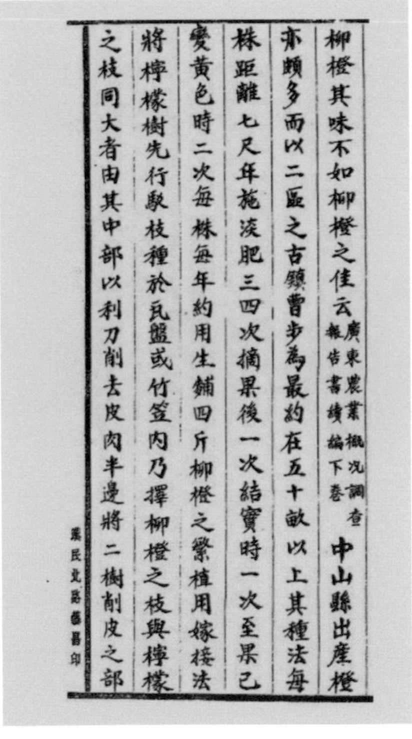
柳橙其味不如柳橙之佳云（廣東農業概況調查報告書續編下卷）中山縣出產橙亦頗多而以二區之古鎮曹步為最約在五十畝以上其種法每株距離七尺年施淡肥三四次摘果後一次結實時一次至果已變黃色時二次每株每年約用生鋪四斤柳橙之繁植用嫁接法將檸檬樹先行駁枝種於瓦盤或竹篮內乃擇柳橙之枝與檸檬之枝同大者由其中部以利刀削去皮肉半邊將二樹削皮之部

本圖為一九三五年《廣東通志》未成稿，文中提到用柳橙之枝與檸檬之枝嫁接。

西瓜的台語讀音

西瓜的台語念作 si-kue，我一直不明白，西瓜的「西」為何念作 si ？台語「西」的讀音可分文讀與白讀，文讀是 se，例如「西方」（se-hong）；白讀是 sai，例如「西北雨」（sai-pak-hōo）。但台語西瓜的「西」，為什麼既不是文讀音也不是白讀音，而是跟國語的「西」一樣念作 si 呢？

西瓜的台語，我知道有極少數腔調念作 se-kue，但絕大多數的腔調念作 si-kue。根據教育部的《台灣閩南語常用詞辭典》，「西」字的讀音，除了文讀音 se、白讀音 sai 之外，還有「俗」音 si，但沒有說明。事實上，「西」字只有用在西瓜時才念 si。

我試著從西瓜的歷史去尋找原因。西瓜原產於非洲，大約在公元十世紀從中亞傳入中國。中國歷史上的「西域」，指今新疆及中亞部分地區，西瓜從西域傳入中國，應該就是西瓜之名的由來。

明李時珍《本草綱目》說：「西瓜自五代時始入中國，今則南北皆有，而南方者味稍不及。」以此來看，西瓜是從北方傳到南方，那麼「西」字的官話音 si，就有可能融入南方的語言。

我查了一下，西瓜的「西」，福州話念作 se，漳州話念作 si，泉州話念 se 或 si。所以我們或許可以推測，西瓜的官話音 si，影響了漳州音和泉州音；漳泉移民把西瓜帶到台灣，所以台語的西瓜才大都念作 si。

台語文研究者許嘉勇在臉書回應我的問題也說，西瓜的「西」念作 si，一般認為是「官話音」。

鳳梨與王梨

台灣的鳳梨因台語諧音「旺來」，成為台灣最旺的水果。但我首先要問：鳳梨的台語，「鳳」（hōng）的音為何念「王」（ông）？

鳳梨的中文學名就是鳳梨，但大家可能不知道，現在全球華人世界只有台灣稱鳳梨為鳳梨，新馬稱黃梨，香港稱菠蘿，中國大陸包括福建也都稱菠蘿。

大家可能也沒注意，鳳梨的台語發音並不是按字面的 hōng-lâi，而是 ông-lâi。如果你去查教育部的《台灣閩南語常用詞辭典》，你找不到鳳梨，只有「王梨」（ông-lâi）。我不以為然，因為編辭典不能只看語音，也要兼顧歷史。

鳳梨原產於南美巴西南部與巴拉圭之間，西班牙人哥倫布一四九三年看到鳳梨，覺得很像松果，就稱之 **Piña de Indes**（印度松果，當時到了美洲，但以為是印度）。結果，鳳梨的西班牙文就是 **Piña**，西班牙人把鳳梨帶到菲律賓，菲律賓文稱之 **Pinya**，發音一樣。英文也是根據西班牙文而稱鳳梨為 **Pineapple**。

鳳梨應該由往來菲律賓的華人帶到台灣、福建、廣東種植，誰先誰後？或誰傳給誰？如果沒有明確史料記載，也不必多加推測。這裡我想談的是，各地華人看到鳳梨這種新的水果，並不是直接音譯，而是依其觀察取了不同的名字。

根據台灣清代文獻，鳳梨的名字除了鳳梨之外，主要還有黃梨、王梨，以下我以找到的文獻資料來討論。

《諸羅縣志》說：「黃梨：以色名……台人名鳳梨，以末有葉一簇，如鳳尾也．取尾種之，著地即生。」

根據此一文獻，當時台灣人覺得這種水果的果肉很像黃色的梨，故稱之黃梨（hông-lâi，黃的文讀音 hông），又因這種水果尾端有如鳳尾，故又稱之鳳梨。這解釋了與台灣人同為閩南語系的新馬地區華人，至今仍稱這種水果為黃梨。

《台灣府志》（一六九六年）說：「鳳梨葉似蒲而闊，兩傍有刺，果生於叢心中，

皮似波羅蜜，色黃，味酸甘。」

根據此一文獻，我做了大膽的推測，當時香港人、廣東人覺得鳳梨的皮很像波羅蜜（又寫作菠蘿蜜，廣東話稱之大樹菠蘿，原產於印度、東南亞的熱帶水果），故稱之菠蘿。中國大陸自廣東傳入鳳梨，故跟著廣東話稱之菠蘿。

那麼，今天的福建人如何稱呼鳳梨？我向當地人求證，他們在講閩南話時與台灣人一樣發鳳梨的音，但在文字上已跟中國其他地方一致寫成「菠蘿」。他們看到「黃梨」不會想到鳳梨，因為這是當地一種水梨的名字。但他們知道台灣名產「鳳梨酥」是用菠蘿做的。

最後來談王梨之名，在文獻上出現不同的看法。

《噶瑪蘭廳志》說：「鳳梨，末有葉一簇，因形似鳳，故名。其謂之黃梨者，以其色也；其謂之王梨者，以其大也。」但《諸羅縣志》說：「黃梨，以色名，或訛為王梨。」

根據這兩則文獻，前者說鳳梨是因為很大而稱之王梨，後者卻說王梨是錯誤的稱呼。我傾向支持王梨是錯誤的用字。

不管如何，到了日本時代，根據《台日大辭典》，在用字上不見「王梨」，「黃梨」也少用了，大都定於「鳳梨」。

今天，台語稱鳳梨的音都是ông-lâi，但這是王梨的音啊。為什麼呢？我們可以用

「h」這個音的弱化消失來解釋：黃梨的音hông–lâi，在「h」音弱化消失後，就變成ông-lâi了。

做個總結：鳳梨之名，台灣人最早以果肉的顏色稱之「黃梨」（hông–lâi，黃是文讀音），隨後以尾端的形狀又寫作「鳳梨」，雖然「黃」變成了「鳳」，但多數人仍發「黃」的音hông，少數人改成發「鳳」的音hōng。後來，hông因「h」音弱化消失變成ông，而「王」的音正是ông，所以有人就寫作「王梨」。

因此，這種水果原名「黃梨」（hông–lâi，黃是文讀音），「鳳梨」本來只是意外的插曲，但因文字優美最後取代了「黃梨」。「黃梨」的「h」的音很容易弱化消失，結果變成了「王梨」（ông–lâi）。但這種水果本以黃色果肉被命名「黃梨」，所以「黃」才是正字，「王」是訛字。

烏仙草與黃愛玉

仙草與愛玉是台灣傳統兩大天然消暑聖品，我編了一句台語念謠：「烏仙草，黃愛玉；天氣熱，袂著痧。」（天氣熱也不會中暑）

仙草

我帶華人觀光客在台灣旅遊，他們在酒店吃自助餐時看到仙草凍，常會問我：「這是龜苓膏嗎？」我都先回答：「你知道龜苓膏是龜殼做的嗎？這是台灣的仙草凍，功效有如龜苓膏，卻是純素的。」

我接著解釋：龜苓膏清涼解毒，因加了中藥材，含「龜板」（龜甲）成分的膠質，吃時有點苦味；仙草凍吃了也可以降火，卻是純仙草製作，含植物性的膠質，散發草香。

我也向各國觀光客推薦台灣的愛玉凍，但我會注意店家使用真的愛玉子製成，而不是以洋菜添加黃色素做的。

日本時代台南文人連橫在《雅堂文集》中提到，台灣為熱帶之地，在早年沒有賣冰的年代，「夏時僅啜仙草與愛玉凍」。由此可見，仙草與愛玉是台灣最古老的消暑解渴食品。

仙草屬草本植物，傳說是仙人所賜，在中醫上有清熱、涼血、利尿功效，故得仙草之名。仙草含大量膠質，莖葉晒乾後稱「仙草乾」，再熬煮、過濾就成「仙草茶」，可直接飲用，或再加少量番薯粉做成「仙草凍」，和糖水食用。

清康熙五十九年（一七二〇年）的《台灣縣志》記載：「仙草，高五、六尺，晒乾煮爛，絞汁去渣，和漿粉再煮而成凍，色黑；暑天和糖泡水飲之，甚涼。」此外，當時也有與仙草業有關的地名如仙草寮、仙草埔、仙草嶺、仙草崙等。

新竹縣關西鎮是台灣最大的仙草產地，可能也是「燒仙草」的發源地。「燒仙草」是熬煮仙草尚未冷卻的濃稠仙草汁，加糖直接飲用退火功效更佳；或可再加入花生、粉圓等配料，成為冬天受歡迎的甜品。

愛玉

台灣的愛玉（台語音 ò-giô）是桑科榕屬植物薜荔的特有亞種，薜荔分布亞洲的低海拔地區，而愛玉則生長在海拔八百至一千八百公尺的山區。一九〇四年，日本植物學家牧野富太郎發表台灣的愛玉為新種，學名 awkeotsang 的發音，就是取自台語「愛玉欉」（ò-giô-tsâng）。

愛玉的細小果實，經乾燥後稱之「愛玉子」，含天然可溶性膠質（水溶性膳食纖維），放進布袋、浸入冷水中搓揉，使膠質從布袋滲出到水中，慢慢凝固成黃澄澄的「愛玉凍」，再加入糖水和檸檬汁即可食用，在中醫上具有除寒熱結、益氣輕身、健脾開胃等功效。由於愛玉子的價格頗貴，所以市面上常見假貨。真的愛玉吃起來Q彈，裡面還能看到很像雜質的「籽毛」。

「愛玉」的台語發音並不是如字面上的ài-gio̍k，根據教育部《台灣閩南語常用詞辭典》，愛玉的正字是「薁蕘」（ò-giô），另有稱愛玉為「子仔」（tsí-á）。

「愛玉」一詞的由來，出自連橫在《台灣通史‧農業志‧果之屬》中的描述：清道光時期有一個往來台南、嘉義的商人，有一天走在山路上，「天熱渴甚，赴溪飲。見水面成凍。掬而啜之，冷沁心脾。自念此間暑，何得有冰？細視水上，樹子錯落，揉之有漿，以為此物化之也。拾而歸家。子細如黍，以水絞之，頃刻成凍，和糖可食；或和孩兒茶少許，則色如瑪瑙。某有女曰愛玉，年十五，長日無事，出凍以賣，人遂呼為愛玉凍」。自是傳遍市上，採者日多，配售閩、粵。」

這段文主要是說：清道光（一七八二年～一八五〇年）年間，有一個商人的十五歲女兒，名叫「愛玉」，她所賣的新奇涼品，被稱之「愛玉凍」。

當年連橫曾以「愛玉」為題徵求詩詠，他最欣賞林幼春（號南強，霧峰林家之後）所寫的一首長詩：「驅車六月羅山曲，一飲瓊漿濯炎酷；食瓜徵事問當年，物以人傳名愛玉……無端拾得仙方巧，擬煉金膏滌煩惱；辛勤玉杵搗玄霜，未免青裙踏芳草……寒暑新陳近百秋，冰旗滿目掛林楸；誰將天女清涼散，一化吳娘琥珀甌。」

連橫曾提及「愛玉子產於嘉義山中，舊志未載其名」，他是「聞諸故老」才得知少女「愛玉」的故事。然而，在清代文獻已見少數資料提到愛玉。

在清光緒八年（一八八二年）的文獻《劉銘傳撫臺前後檔案》，已提到「番社所產木料、水籐、愛玉子及各項蔬果、藥材等物」。

此外，日本時代彰化文人吳德功（一八五〇年～一九二四年，清同治年間考中秀才）也在清光緒年間就寫了一首〈愛玉凍歌〉：「……流玉液與瓊漿．明亮恍惚水晶兮，寒冷不讓冰霜。色欲同夫琥珀兮，料須配以鵞黃，飲渴人於暑路兮，散無異夫清涼。藉愛女以命名兮，留齒頰而芬芳．洵瀛東之特產兮，爰作歌以播揚。」不過，吳德功在此詩的短序中說少女愛玉的父親是樵夫，而不是連橫所說的商人。

因此，到底是先有「薁蕘」，而文人編造了「愛玉」的故事？還是「愛玉」（ài-gio̍k）的發音後來轉成了「薁蕘」（ò-giô），恐怕很難查證了。

凍頂烏龍茶

台灣以產茶著稱，台灣茶名聞天下。台灣茶林江湖說：「北包種，南凍頂」，「北包種」指的是台北市、新北市文山地區的包種茶，「南凍頂」指的是南投縣鹿谷鄉的凍頂烏龍茶，後者的市場和名氣都更大。

但多年來，很多人雖然常喝凍頂烏龍茶，其實並不知道「凍頂」是什麼意思？

有人望文生義猜想：高山茶最好喝啊！好茶要種在高山上，茶樹的頂端如果凍過，品質可能更好吧？這種說法，讓茶農聽了大驚：茶樹雖然耐寒，但也不能受凍啊！

有人查了資料才知：原來「凍頂」是地名，指的是鹿谷鄉種植烏龍茶的「凍頂山」。但這座山為什麼以「凍頂」為名？一般觀光及飲茶資訊都說：據說先民早年因無鞋可穿，寒冬必須「凍著腳尖走上山頂」，故稱之「凍頂」。這種說法，讓我聽了大笑：鹿谷凍頂山海拔約七百五十公尺，不算太高，就算冬天很冷要上山，以前也有草鞋可穿啊！

凍頂山的地名由來，從早年南投有很多客家移民的歷史來看，才找到了答案。原來，台語「凍頂」源自當地客家語「崠頂」，而「崠頂」就是山頂的意思。所以，凍頂山的本名是「崠頂山」（清代文獻也有記載），而「崠頂」與冷凍完全無關。

我們可以想像，當年鹿谷客家茶農說的「崠頂」（Dung-den，標音依教育部《台灣客家語常用詞辭典》），福佬人聽了就以台語書寫成「凍頂」（Tòng-ting，標音依教育部《台灣閩南語常用詞辭典》，這裡的凍是文讀音）。後來，「凍頂」二字通行了，福佬人也念成現在常聽的Tàng-tíng（這裡的凍是白讀音）。

所以，我們往上溯源，從台語白讀的「凍頂」、文讀的「凍頂」，推到客家語的「崠頂」，原來「崠頂烏龍茶」就是指種在山頂的烏龍茶。

今天，台灣的茶大都是烏龍茶種，以發酵、揉捻、烘焙等不同而有不同名稱的茶，包茶種也屬烏龍茶種。台灣現在的各種烏龍茶、包種茶都是輕發酵茶或半發酵茶，但台灣從十九世紀的清代開始在北部種茶，當時的烏龍茶卻是重發酵茶，以 Formosa Oolong Tea 品牌外銷歐美。

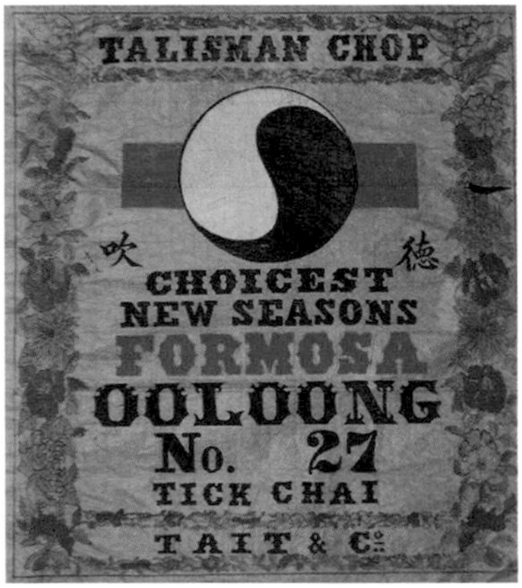

德記洋行廣告

火鍋燒烤界代表：松阪豬與霜降牛

在台灣，「松阪豬」、「霜降牛」已成為火鍋、燒烤餐廳強打的食材，代表最好的豬肉和牛肉。

松阪豬

我曾帶北京來的台灣文創參訪團，在台北市日式老屋修建的「樂埔町」餐廳吃午餐，主菜是「松阪豬」，同桌的團員大概聽過日本著名的「松阪牛」，就問我：「松阪豬是不是從日本進口的豬肉？」

我笑著回答：「松阪豬是台灣人發明的！」

在日本，本國生產的牛稱之「國產牛」，以與進口牛區別；但也是本國生產的「和牛」（wagyū），除了牛的品種之外，還有飼養的方式，包括餵牛吃營養均衡的飼料，讓牛喝啤酒以促進食欲，幫牛按摩以改善身體循環，所以肉質非常好吃。

日本「和牛」（英文 Wagyu）獨特的品種和飼養方式，後來也在日本以外的地方生產，所以出現了「澳洲和牛」（Australian Wagyu）、「美國和牛」（American Wagyu）、「加拿大和牛」（Canadian Wagyu）、「阿根廷和牛」（Wagyu Argentina）等。

「松阪牛」是日本「和牛」三大品牌之一，「松阪」是產地，指日本本州中西部近畿地方三重縣松阪市及其近郊所產的黑毛和牛。日本其他兩個著名「和牛」品牌是「神戶牛」與「近江牛」。

「松阪牛」赫赫有名，代表最好的牛肉，台灣人就把「松阪」之名拿來加在豬肉變成「松阪豬」，代表最好的豬肉。

不過，「松阪豬」指的是豬的部位，即豬頸的肉，位於臉頰連接下巴處，由於一頭豬只有兩片，一片約六兩重，所以又稱「六兩肉」。這個部位的肉，肉色較白，有油脂但不肥，吃起來有脆感，被認為是整頭豬中最好吃的肉。

中文有個詞彙「禁臠」（臠是肉的意思），本意是只有皇帝才能吃的肉，指的就是一頭豬只有兩片的「六兩肉」。後來，「禁臠」也比喻私自享有、不許別人染指的東西。

在日本，豬頸的這塊肉稱之「豚トロ」（とんとろ，tontoro），切片後看起來很像有油花的「松阪牛」，這大概也是台灣人稱豬頸肉為「松阪豬」的原因。

霜降牛

「霜降牛」有人望文生義以為是生長在寒帶的牛，後來才知道「霜降」是日文漢字形容牛肉的油花。但有人指「霜降」是日本「和牛」五個等級中最高級的牛肉，卻是不夠準確的說法。

一般來說，牛肉或豬肉如果脂肪分布均勻細密，就會比較好吃。英文的 **Marble** 是大理石，**Marbling** 也指牛、豬等紅肉細密脂肪的紋路，**Marbled meat** 就是形容有大理石花紋的肉。

日文則以降霜的美感來形容油花均勻細密的牛肉或紅肉，稱之「霜降り肉」，這是日本人的美學，就像日文稱冬粉為「春雨」（はるさめ）。台灣借用日文，卻把「霜降り」（shimo-fu-ri）省略為「霜降」。台灣的「霜降牛肉」，在香港則稱為「雪花牛肉」。

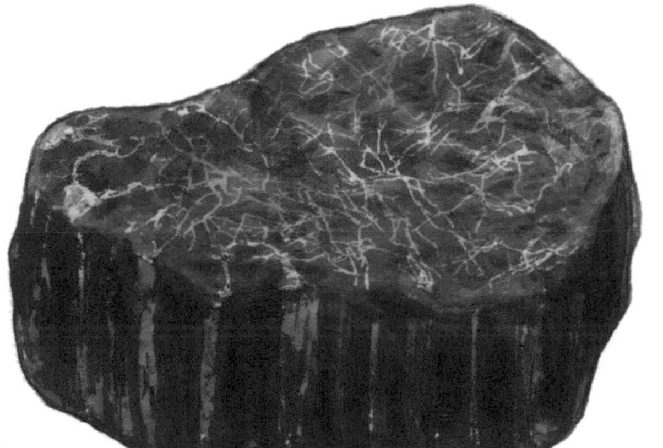

「霜降牛肉」非常高級，但為什麼不等於最好的牛肉呢？因為牛肉等級的評定，油花只是其中一項標準而已。

牛肉等級

根據日本專門評定肉品等級的「日本食肉格付協会」（Japan Meat Grading Association），評定等級的標準包括肉的色澤、緊實、紋理，脂肪的色澤及油花的分布等，最高等級的牛肉是桃紅色的肉、雪白色均勻細密的油脂。

此外，「日本食肉格付協会」也有評定牛肉油花等級的「牛脂肪交雜基準」（Beef Marbling Standard），共分十二級。因此，台灣所謂的「霜降牛肉」，其實還有等級之分。

在日本，「霜降り」也用來指一種烹調食物的方法。例如生魚片，一般指完全的生魚切片，但也可以用「霜降り」手法，就是把整塊魚肉用布蓋住，再淋下開水，這樣魚塊上層因被燙熟而變白，看起來有如降霜的美感。

海中老虎的食物鏈：飛魚與鬼頭刀

BBC拍攝的一支飛魚生態影片，二〇一五年曾在臉書廣為流傳，片中飛魚被海中大魚、空中大鳥夾攻，讓人驚嘆。其實，這種飛魚奇景也經常在台灣東部、東北部海域發生。

飛魚是一種具有滑翔能力的魚類，分布於全球的熱帶和亞熱帶海洋。飛魚體型修長，可達四十五公分，胸鰭發達有如翅膀，當躍出海面，張開胸鰭，可在空中滑行超過一百公尺。

飛魚是台灣東海岸北赤道洋流「黑潮」帶的主要魚類之一。在台灣，一般民眾雖然不常食用飛魚，但對飛魚並不陌生，主要是蘭嶼達悟族原住民每年舉行「飛魚祭」，擁有著名的飛魚文化，並把飛魚曬成魚乾以保存食用。

此外，台灣也是全球重要的飛魚卵產地，主要在基隆外海的基隆嶼、彭佳嶼一帶，漁民利用飛魚在海草中產卵的習性，把草蓆鋪在飛魚經過的海面上，讓飛魚在草蓆產卵，再採集附著在草蓆上的飛魚卵。

台灣加工生產的飛魚卵，品質優良，稱之「黃金卵」，大量外銷日本作為壽司材料。

在台灣，飛魚卵除了醃漬，也做成飛魚卵香腸、飛魚卵泡菜等。

BBC飛魚生態影片中，追捕飛魚的大魚，為鰆科鯕鰍屬，在台灣俗稱「鬼頭刀」，因為這種中大型魚類的魚頭很大，體型從側面看很像一把刀。

飛魚與鬼頭刀在生態上的關係，從台語的魚名就可了解。飛魚的台語叫「飛烏」，因為這種魚長得很像台灣人熟悉的烏魚（鯔科）。鬼頭刀的台語叫「飛烏虎」，因為這種魚常在海中追逐、捕食飛魚，有如獵殺飛魚之虎。

鬼頭刀長相奇特、顏色鮮豔，非常搶眼，魚肉很嫩略有腥味，但在一般市場上並不常見。在宜蘭和花蓮常見以鬼頭刀做成的魚丸，很受歡迎。

BBC飛魚生態影片中，飛魚在海中被鬼頭刀追逐，當躍出海面飛翔時，在上空捕食飛魚的大鳥，一般人就很少看到了。這種大鳥叫白腹鰹鳥，台語俗稱「海雞母」，棲息於基隆外海北方三島，常見在東北海岸附近的海面上飛行。從基隆港搭乘麗星郵輪出海的旅客，曾在基隆外海看到白腹鰹鳥在空中捕食飛魚。

台灣黑金始祖：烏魚子

台灣漁業歷史最久、經濟價值最高的魚種，首推烏魚，早年就被漁民喻為「烏金」（台語音 oo-kim），可說是台灣最早的「黑金」，哈哈！

烏魚以魚背烏黑而得名，為洄游性鯔科魚類，每年冬季隨北方的大陸沿岸流（親潮）從台灣海峽南下避冬，並在南台灣海域產卵。台灣文獻記載，烏魚一般在冬至前十日至台南，稱「正頭烏」，肥而味美，魚卵和魚鰾飽滿；產卵後自恆春北返，稱「回頭烏」，瘦而味劣。

早在十七世紀荷蘭人統治台灣之前，就有閩粵沿海漁民前來台灣本島和澎湖捕捉烏魚，最早只在冬天季節性停留，後來又兼農作，才逐漸定居下來。所以有人說，台灣漢人移民最早是被烏魚吸引來的。

台灣的烏魚產業，從荷蘭時代開始對漁民徵什一稅（十分之一），後來明鄭、大清時代也都跟進，清代文獻即記載：「官徵稅，給烏魚旗，始許採捕。」

烏魚最珍貴的部位是母魚的卵巢，稱之「烏魚子」（台語音 oo-hî-tsí）。日本時代台南文人連橫在他的著作《台灣通史》中說：「烏魚之卵，結為一胎，略分為二，長及尺，重十餘兩，漬鹽曝乾，以石壓之至堅，可久藏。食時濡酒，文火烤之，皮起細脆，不可過焦，切為薄片，味極甘香，為台南之珍饈。」

近二、三十年來，由於氣候暖化，加上中國東南沿岸漁民搶先在台灣海峽北方攔截，造成台灣的烏魚產量大減，但也帶動台灣烏魚養殖興起。今天，台灣市面上的烏魚子，有野生、進口、養殖之分，仍屬高價位禮品，也是台灣料理的名菜。

除了台灣人，最懂烏魚子美味的可說是日本人了。日本觀光客來台灣旅遊常會買烏魚子，很多台灣人每年冬天都寄烏魚子給日本友人。

台灣的烏魚子，在日本有一個非常文雅的名字，日文稱之「カラスミ」（karasumi），這是日文漢字「唐墨」的訓讀音（「唐」訓讀kara，「墨」訓讀sumi）。日本人為何稱烏魚子為「唐墨」？因為烏魚子的形狀很像從中國傳來日本的墨。此外，日本人也稱烏魚子為「鱲子」、「御鱲子」。

除了烏魚子，公烏魚的精囊「烏魚鰾」（鰾台語音piō），也是台灣料理高貴的食材，但不像烏魚子以鹽漬、曬乾（或乾燥）再煎烤的作法，而是直接生煮。

烏魚還有另一個名稱「烏仔魚」，一般指在半鹹水養殖、體型較小的烏魚。

白腹仔假土魠

南台灣著名的大型海魚「土魠」，經中研院台史所翁佳音考證，就是在十七世紀荷蘭統治台灣時期，荷蘭文獻中記載南台灣海域的大宗漁獲「國王魚」（荷蘭文 Koningvis，英文 King fish）。

「土魠」台語音 thôo-thoh，thôo-thuh，但「土」的台語發音是上聲 thóo，而不是陽平聲 thôo，「塗」的台語發音才是 thôo。因此，依台語發音來說，「土魠」應該寫作「塗魠」才對。事實上，在清代文獻就常寫作「塗魠」，「土魠」是大型的鰆魚，名字從何而來？到底是台語還是原住民語音譯，現在還無法確定。

日本時代台南文人連橫在他的著作《雅言》中描述這種魚：「為台海中鱗類之最美者，魚似馬鮫而大，重一、二十斤，銀紋雪膚，肉腴無刺。隨冬而來，與春偕逝。相傳延平伐台時泊舟港外，某都督獲此以晉，因名都督魚，或作鮀魠。」

然而，這只是傳說，也沒說出那位都督的名字，加上台南人有不少典故似乎刻意拉到鄭成功，所以我對「都督魚」的說法予以保留。

「魠」這個字，在中文字典指古書所說一種口大的魚。根據東漢許慎《說文解字》：

「鮀，哆口魚也。」清段玉裁《說文解字注》：「哆者，張口也。」以此來看，土鮀雖然是嘴巴很大、牙齒銳利的魚，性情凶猛，游水速度很快，但無法確定這是命名由來。

南台灣有一句台語俚諺：「白腹仔假土鮀」（白腹仔也寫成白北仔）。白腹仔也是鰆魚類，以腹部白色而得名，正式的名字是馬加鰆。這句話我聽了覺得很奇怪，因為我在北台灣常見的白腹仔，與土鮀相比，雖然體型較小，但肉質較細，價格也較貴，魚販何必用白腹仔來假冒土鮀呢？

我後來再想，白腹仔與土鮀長得很像，但體型不到土鮀的一半，所以「白腹仔假土鮀」大概指體型上的冒充吧！

白腹仔

土鮀

不管如何，台南小吃「土魠魚羹」，以及用白腹仔做的「浮水魚羹」，都非常好吃。

魚羹作法

「土魠魚羹」：把土魠魚切塊醃過後，裹粉油炸，炸好後再放入用魚骨熬的羹湯，魚肉外脆內嫩，湯汁鮮美。

「浮水魚羹」：把魚漿調味後，捏成條狀，放到滾水中煮熟，就浮了上來；再把煮魚漿的湯以番薯粉勾芡，即成羹湯。魚漿一般以旗魚、虱目魚打成，魚漿內再包白腹仔的肉就更高檔了。

虱目魚是什麼魚？

為什麼我才花了三分鐘煎虱目魚，然後就花了三天找資料來談虱目魚？這篇文章有點長，值得一看的原因如下：

一、從生態保育和食品安全來說，我希望大家多吃台灣人很會養殖的虱目魚，讓其他野生魚類喘息一下。

二、很多人害怕虱目魚刺多，請以貓為師，不然就學習台南人吃無刺的虱目魚肚。我還會透露一位日本料理老師傅如何處理虱目魚的刺，並介紹菲律賓人、印尼人吃虱目魚的方法。

三、雖然沒有確定的答案，但仍要探查「虱目」之名的由來。

四、跟著蔡英文政府的「新南向政策」，談談虱目魚的歷史。你知道虱目魚是菲律賓的「國魚」嗎？全世界最早的虱目魚養殖可能在印尼爪哇島嗎？

虱目魚是台灣歷史最久、規模最大的養殖漁業，十七世紀荷蘭人殖民南台灣就提到有養魚的「塭仔」（oenij），清代文獻則記載魚塭中生產的「虱目」或「麻虱目」。

虱目魚是分布於太平洋、印度洋熱帶、亞熱帶海域的魚種，學名 Chanos chanos

（一七七五年由瑞典生物學家 Peter Forsskal 命名），在各地都有不同的名字，英文則稱之 Milkfish。

Milkfish 就是牛奶魚，怎麼說呢？有人說這是虱目魚魚體、魚肉的顏色；有人則說虱目魚富含蛋白質，而最早的烹飪是用烤的，烤熟時魚身會滲出蛋白有如牛奶。

在台灣，台語「虱目魚」（**sat-bák-hî/hû**）的語源有很多說法。

有人從台語的「虱」字去聯想。由於「虱」同「蝨」，蝨子是常見寄生在人或牲畜身體上吸血的小昆蟲，所以有人就說，虱目魚苗時全身透明，只看到黑點的眼睛，很像蝨子，所以才叫虱目魚。

但是，不只虱目魚，一般幼魚都是全身透明的啊！事實上，由於剛孵化的虱目魚苗全身透明，只能看到眼睛兩個黑點，以及腹部一個黑點，所以養殖界稱之「三點花」。

有人則認為「虱目」是「塞目」，因為虱目魚的眼睛有脂性眼瞼，故稱之「塞目魚」，但此說相信者少。

日本時代台灣文人連橫在《台灣通史》中說：「台南沿海素以畜魚為業，其魚為麻

薩末（台語音同麻虱目），番語也。或曰，延平入台之時，泊舟安平，始見此魚，故又名國姓魚云。」

連橫說的「番語」，就是指非漢語，有可能是台南原住民（西拉雅族）語，但也無法確定。

台灣民間有一說法：鄭成功來台灣驅逐荷蘭人，民眾獻魚，鄭成功問：「什麼魚？」結果民眾聽了就以「虱目魚」為魚名。這當然是後人亂說，就算當時有這件事，鄭成功講的可不是北京官話，而是福建泉州母語，「什麼魚」的音是「啥物魚」（siánn-mih hî/hû），「啥物」（siánn-mih）與「虱目」（sat-ba̍k）的音不合啊。

還有人說，虱目魚長得有點像鯖魚，而日文稱鯖魚為サバ（saba），與台語「虱目」諧音，台灣人在日本殖民時代把兩種魚的名稱混淆了。這種說法顯然有誤，因為台灣在日本時代之前的清代就有「虱目」的魚名，而說分不清鯖魚、虱目魚也是侮辱了台灣人和日本人的智慧。

另有人指出，虱目魚的名稱可能源自西班牙語 Sabalo（網路上大都誤寫成 Sabador，Sabador 音近 Salvador，這是救世主耶穌啊）。西班牙語 Sabalo，在美洲的西班牙語（American Spanish）稱之 Sabalote，可用作英文 shad，指的是鯡科魚類，但也用來泛稱中南美洲、東南亞海域的 Milkfish。

雖然西班牙人在十七世紀之前就開始殖民菲律賓，但菲律賓語稱虱目魚為 Bangus 或 Bangos，而少用 Sabalo，只是在學界有人稱虱目魚的幼魚為 Bangos、成魚（母魚）為 Sabalo。因此，Sabalo 較有可能是「虱目」的語源，但也不能確定。

二〇一六年七月，我有機會與一位麗星郵輪的菲律賓籍資深廚師談，他說 Bangus 指養殖的虱目魚，而 Sabalo 指海中身型較大的虱目魚，Bangus 如果從池裡游到海中就可能長大變成 Sabalo，但在市場上很少看到價格較貴的 Sabalo。他也知道，Sabalo 是菲律賓的外來語，源自西班牙語。

因此，我做了大膽的推測：台語「虱目」一詞很有可能源自菲律賓語 Sabalo 的 Saba。這並非孤例，番茄在南台灣被稱之「柑仔蜜」（台語音 kam-á-bit），就是源自菲律賓語 Kamatis（西班牙語 Tomates 的變音）。為什麼呢？早年台灣與菲律賓同是福建人移民海外之地，南台灣與菲律賓呂宋島因距離較近而有很多福建人往來兩地。

虱目魚可以生長在海水、半鹹水、淡水，沒有牙齒，主要以海中的藻類、無脊椎動物為食，所以有人稱之「海草魚」，很適合在海岸建造魚池來養殖。

菲律賓的虱目魚養殖非常興盛，食用人口眾多，更因把虱目魚定為國魚（National fish），所以對虱目魚有很多研究。根據菲律賓的資料，虱目魚養殖早在八百年前就從菲律賓開始，再散播到印尼，以及太平洋島嶼。

但根據聯合國糧農組織（Food and Agriculture Organization of the United Nations，簡稱UNFAO）有關菲律賓虱目魚養殖的資料，一般認為「半鹹水魚池」（印尼文Tambak）養殖虱目魚（印尼文Bandeng）的起源在十五世紀之前印尼爪哇島的東部，以及爪哇島東北方的島嶼馬都拉（Madura）。此一資料是根據荷蘭人的記載：在一四○○年爪哇人的法律中，從Tambak偷魚的人會被處罰。

Tambak在印尼文、馬來文指魚池（英文fishpond），也有堤岸（英文embankment）、土堆的意思。菲律賓文也有Tambak，指的就是堤岸、土堆。

Tambak一詞的bak，與台語虱目魚的「目」（ba̍k）發音相同，但也不能據此就說Tambak是「虱目」的語源。

我為什麼鼓勵大家多吃虱目魚呢？我最近才去中研院生物多樣性研究中心，訪問台灣魚類專家邵廣昭，他建置知名的「台灣魚類資料庫」，近年出版《台灣海鮮選擇指南》小冊，教導民眾選擇食用符合生態保育、永續利用原則的海鮮，幫助台灣海洋保育，以確保「年年有魚」，而虱目魚是少數被「建議食用」的魚類之一。

此一指南的選擇標準，主要是食用植物性或天然餌料（養殖餌料不是小魚）、野生資源豐富、撈捕方式對環境影響較小、屬食物鏈底層（食物鏈高層魚類體內可能累積重金屬）。在「建議食用」的海鮮中，屬於常見魚類的有四破魚、竹筴魚、沙丁魚、秋刀魚、飛魚、白帶魚、剝皮魚、臭肚魚，以及養殖魚類的台灣鯛、虱目魚、烏魚等。其他我們常吃的魚類，包括鯖魚、旗魚、黑鮪魚、土魠魚、野生石斑等，其實都列在「想清楚」、「避免食用」之類。

我鼓勵大家多吃虱目魚，也因為這種魚在食安上相對可靠，在價格上相對便宜，而且相當好吃，現在很多以海水養殖，土味也較少了。

虱目魚雖然相對刺多，但因為是軟刺，只要小心的吃，也不是很大的問題。

多年前，台北的日本料理老師傅李榮松，跟我談到解決虱目魚刺多的方法。基本原理是：人的喉嚨大約有〇點五公分的空隙，如果能夠把虱目魚的每根刺都切得很短，短到零點二公分，這樣吃進喉嚨時就不會卡到。

所以就要看刀功了。一條虱目魚，把頭、尾和中骨去掉，成了兩大片的魚肉。再來，把魚肉鋪好，魚皮在下，用很薄的鋼刀、一刀一刀的橫切，每刀的間隔大約〇點二公分。每一刀切下去，「停刀」必須恰到好處，一定要把貼在皮邊的刺都切斷，卻又不能切到皮。

然後，切好的魚肉就可以下鍋煎了。魚肉一遇熱，就會自動黏合，整片好好的，看不出曾被切過的痕跡。

哈哈！這真是別出心裁的方法，但我從來沒有試過，因為實在太「搞剛」（厚工），對刀功更沒把握了。

在台灣，虱目魚一般的吃法有乾煎、煮湯、蒸蔭油、滷豆醬等。如果怕魚刺又怕麻煩，那麼就吃無刺的虱目魚肚，這可是被台南人視為美味。我曾在台南吃過醃黃瓜煮無刺虱目魚肚，真是珍品。

不過，我和幾位內行的台南人都認為，帶刺的虱目魚，滋味較不會流失，一邊吃肉一邊挑刺也很有吃的樂趣。

菲律賓人、印尼人怎麼吃虱目魚？當然他們也要處理刺多的問題。我在 Youtube 的「How to debone Bangus (Milkfish)」上，看到他們可以把整條虱目魚的刺全部拔光，真的很厲害，但一條魚拔刺要花三至四分鐘，也是很費工。

他們吃新鮮、曬乾、煙燻的虱目魚，也有各種料理方法和不同口味。印尼人還會用壓力鍋煮虱目魚，就是為了把魚刺燜軟到有如無刺。看來，台灣人應該去考察考察。

台灣人也搞不懂的台灣海產俗名

「花枝」是什麼花？「花飛」想飛去哪？「四破」要破什麼？台灣是海島，海產豐富，但很多海產的名字，學名很難記，俗名卻搞不懂。

舉例來說，台灣人與虱目魚（台語音 **sat-bák-hî**）已有四百年以上的關係，但「虱目」之名從何而來，至今沒有確切答案。鄭成功的「什麼魚？」是玩笑之說，最後只好以日本時代文人連橫在《台灣語典》中說是「番語也」三個字帶過。近年來，台灣的虱目魚想打進中國大陸市場，但對岸認為「虱」與「屍」同音，又會讓人想到「蝨子」，最後被改名為「狀元魚」。

其他台灣人常吃的「土魠」、「午仔」、「嘉鱲」、「花飛」、「四破」等魚，也是講不出名字的由來。

基本上，這些搞不懂的海產俗名，可能是早年原住民命名的音譯，可能是台語的命名，前者幾乎無解，後者還可以研究。

有些推測較為合理。例如：新北市萬里區第二核能發電廠出水口在一九九三年發現的「祕雕魚」，俗名「花身仔」（鱸形目鯻科），應該與魚身上明顯的花紋有關。

「軟絲仔」（槍烏賊科擬烏賊屬）的肉質比「花枝」（墨斗魚科）、「小卷」（長大稱中卷、透抽，槍烏賊科）軟嫩，故得名。

當然我們可以再發揮想像力。先來想想「花飛」（鯖魚），因為魚背上有花紋，又游得飛快，所以就「花」＋「飛」啊！順便看看「花枝」（墨魚），身上很多花紋，長得就像一枝花啊！再來猜猜「煙仔」（正鰹），就是身上有煙霧般的花紋啊！

但有些推測缺乏說服力。例如：有人說「敏豆」＝Bean＋豆，同理可推「花飛」＝花＋Fish。但鯖魚是台灣普遍的海魚，不是從國外引進，怎需要英語翻譯呢？

有人說「四破」（鰺科）應該叫「四剖」，因為捕獲立刻用鹽水煮熟、剖成四半。但我看到的是整條完整，或去頭去骨剝成兩半啊！另有人說，這種魚剝成兩半後，從中間的直線很容易再剝成兩半，所以一共是四半。

有人把「午仔」（馬鮁科）寫成「鯃仔」，但「鯃」是中國古書上的魚，所以應該只是借「午」與「吾」（ngóo）同音。

近年來，台灣因為盛行日本料理，所以也常使用日本漢字的魚名，尤其是鯛類，以提高身價。例如：「嘉鱲」變成「真鯛」、「馬頭」變成「甘鯛」、「烏格」變成「黑鯛」，連「吳郭魚」都改名「台灣鯛」了。

參

飲食習慣與文化

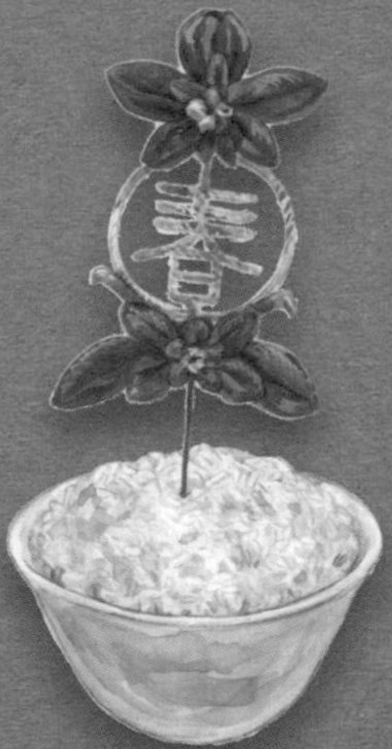

辦桌與總鋪師

台語俚諺說：「醫生驚治嗽，塗水驚掠漏，總鋪驚食晝」，或說：「討海人驚風透，總鋪師驚食晝」，就是在講台灣的「辦桌」和「總鋪師」。

在台灣，「辦桌」（台語音 pān-toh）不是指辦公桌，如果從飯桌去想的話，就知道是辦一桌宴席了。

如果只是辦一桌或幾桌宴席，那麼一位廚師就夠了。但如果是辦幾十上百甚至千桌，那麼就需要很多廚師，而負責設計菜單、安排上菜流程，並指揮、調度所有廚師及助手的統領就叫「總鋪」，尊稱「總鋪師」（台語音 tsóng-phòo-sai），以現代餐廳用語來說就是主廚或行政主廚。

以「總鋪」來稱呼廚師的用法，在清代就有了。台灣清代文獻記載，當年台灣與廈門、金門往來的商船，在船上負責伙食者即稱「總鋪」，有些商船的編制還有「副總鋪」。

在日本時代，台灣也稱廚師為「廚子」（tôo-tsí），當年的《台日大辭典》也收錄此一詞條。

近年來，「總鋪師」已被用在繪本的書名、電影的片名。但台語的「鋪」（phòo），

意思是店舖，看來與廚房並沒有關係。因此，我會想到有一個中文字「庖」（ㄆㄠˊ），《孟子》不是有一句名言「君子遠庖廚」嗎？「庖」的意思就是廚房或廚師，所以「總舖」是不是應該寫成「總庖」才對呢？

但很多台語文專家不贊同我這種說法，因為台語「庖」的音 pâu，與「舖」的音 phòo，有相當差距。

回到本文第一段的台語俚諺，就是說醫生最怕治療咳嗽，泥水匠最怕處理漏水，漁民最怕出海風大，那麼「總舖驚食晝」是什麼意思？台語的「晝」（tsiàh）指中午，「食晝」（tsiàh- tàu）是吃午餐，就是說「總舖師」最怕在中午時間「辦桌」了。

為什麼？因為辦桌一般都在晚上，這樣廚師就有充分的準備時間，但如果在中午，那麼準備時間變少，廚師就會很緊張了。

台灣辦桌文化的由來，與台灣民間宗教、節慶、習俗等活動息息相關，表面上是一群人圍著大圓桌共享美食，但背後也有深厚的人文底蘊。

辦桌最早的形式是外燴，就是主人聘請廚師來家裡辦幾桌宴席。如果場地太小，就找小餐廳、公家禮堂或更大的戶外廣場。辦桌每桌客人十至十二人，桌數可從幾桌到幾十幾百，甚至上千。

辦桌的菜色一般是十至十二道，傳統以閩菜為主，必有一道福州名菜佛跳牆。辦桌菜的改良，與酒家菜有關，從閩菜再融入粵菜、川菜、日本料理等，最後造就了「台菜」的名號。

台灣的辦桌，除了分享美味，也彰顯了人情味。

很多商家、公司，每年都會宴請員工「吃尾牙」、「喝春酒」，這種慰勞員工兼聯絡感情的活動，增加了員工的向心力。

對許多無家可歸的街頭遊民，很多民間商家或團體也會出資或募款來辦「尾牙宴」，讓他們在過年前享用一頓豐盛的美食。台北市萬華區遊民的「尾牙宴」，已舉辦多年，從數百到上千桌，展現了這個城市的溫暖。

二〇〇九年，台北市政府主辦聽障奧林匹克運動會，在台北田徑場舉行的閉幕式，特別以辦桌為主題，席開三百五十桌，讓各國選手一起分享台灣的美食，以及台灣人的熱情與好客。

潛力美食菜系：素食與蔬食

台灣素食人口眾多，素食普及而食材多樣化，並創造了與傳統宗教素食有所區隔的「蔬食」文化，所以有美食家認為，台灣有潛力把素食烹飪發展成為獨立的美食菜系。

世界各地對素食的定義不同，有人雖吃素但還吃奶或蛋，或偶爾也吃「白肉」（魚肉、雞肉等）但不吃哺乳動物類的「紅肉」，這樣也歸在素食之列。

不同於一般的「素食者」（Vegetarian），「全素者」（Vegan）則完全不吃與動物有關的食物，包括蜂蜜，甚至不使用以動物為材料製成的化妝品及生活用品。

另外，素食者以吃素的理由可分成：宗教素、健康素、環保素（反對畜牧業排放大量溫室氣體，破壞地球環境）、人道素（反對以不人道方式飼養和屠宰動物）等。

在台灣，素食者主要是為了宗教的理由，但為了健康、環保、人道的理由而吃素的人也愈來愈多，所以出現了新名詞「蔬食」。

以中國佛教、道教為本的素食，有「五葷」（又稱五辛：蔥、薤、韮、蒜、興渠）的禁忌，即把蔥、蒜、韭、蕗蕎類等（薑與辣椒不在此列）有辛味的蔬菜也視為葷食，因為吃了會刺激性欲，並在口中產生臭味。

然而，「蔬食者」未必是宗教信徒，所以沒有「葷菜」的禁忌。在台灣，掛出「蔬食」招牌的素食餐廳愈來愈多，其中有很多講究跨國、創意的蔬菜料理。

台灣有多少素食人口？這個數字不好統計，因為素食有長期、特定時間（早齋、齋日、初一和十五等），以及全素、奶蛋素、肉邊素之分。根據財團法人食品工業發展研究所在二〇〇八年公布的《台灣食品消費調查統計年鑑》，台灣的素食人口約占十分之一（特定時間素食、肉邊素、奶蛋素、全素），長期全素人口約占百分之二，而宗教與健康是民眾吃素的兩個主要原因。

台灣農業發達，生產穀、豆、蔬、果等多樣、豐富的食材，又有相對廣大的素食人口，再加上非宗教性「蔬食」對蔥、蒜等調味蔬菜的解放，促使素食烹飪蓬勃發展，可以說已成為全球新興「素食菜系」的研發中心。

台灣有素食廠商研發使用大豆蛋白、小麥蛋白製成各種「素肉」，以及使用蒟蒻、海藻膠、澱粉類製成各種「素海產」，以方便從葷食過渡到素食的人。另一方面，台灣也有素食餐飲業者致力追求天然、原味，呈現藝術、美感的素食佳餚。

今天，台灣的素食從中式、日式、泰式到法式、義式都有，從傳統、融合到創新都有，從小吃攤店、大小餐廳到五星級酒店都可吃到，還有提供上百道素菜的素食自助餐廳，甚至連葷食餐廳也提供素菜，以方便素食者與非素食的親友聚餐。如此，素食者可以用幾十元吃一碗素麵，也可以花幾千元吃一頓精緻素食套餐。

台灣有很多素食餐廳也講究清靜、禪意的用餐環境，與自然景觀合而為一，使素食不僅是飲食的選擇，還提升了心靈的層次，為素食餐飲開啟另一片天。

台灣堪稱素食者的天堂，所以被國際媒體列為「素食友善」（vegetarian-friendly）的國家。

近年來，聯合國為了降低地球的環境壓力，由聯合國糧食及農業組織在二〇〇六年公布研究報告指出，全球畜牧業比運輸業產出更多溫室氣體，嚴重破壞地球環境；聯合國環境規劃署的永續資源管理國際小組，也在二〇一〇年進一步呼籲人類轉向素食。

台灣堪稱素食大國，應該把握機會，為人類的素食創造偉大的願景。

台灣的麵食文化：切仔麵、擔仔麵、外省麵

我小時候聽過一種說法：吃麵比吃米好，中國北方人都吃麵，所以長得比較高大！以前很多人相信這種說法，包括我在內，因為看來中國北方人、西洋人大都吃麵，也確實長得比較高大。但隨著人生閱歷，我早就推翻了這種說法。

首先，我讀台灣早期歷史，根據十七世紀荷蘭人統治台灣的紀錄，當時台南西拉雅族原住民長得比荷蘭人高大。

然後，我看到台灣阿美族原住民不但平均身高遠超過漢人，還擁有大量運動健將，除了出過榮獲奧運十項全能競賽銀牌的楊傳廣，更為台灣棒球打出一番天下。

但台灣原住民早年不但吃米，而且吃的是小米（小米粟）！

人是否長得高大，與先天的基因，後天的飲食、運動等有關，而飲食種類的不同不只米麵的差異而已。米，尤其糙米，也未必不如麵營養，可能成分不同，很難比較。

最後，我開始懷疑，吃麵長得比較高大的說法，會不會是早年台灣政府為了政令宣導而散布的「謠言」？

原來，一九五四年台灣政府曾大力推行「麵粉代米」政策，發展麵粉工業，鼓勵民

眾多吃麵食代替傳統米食。這項政策有兩個背景：

第一、台灣產米，米一直是外銷主力，台灣人的主食也是米，但戰後物資缺乏、外匯不足，政府希望多外銷米來賺取寶貴外匯。

第二、美國在戰後為了推銷國內產量過剩的小麥，除了鼓勵其他國家進口美國小麥，還提供發展麵粉工業的資金、設備、技術，以及建構麵食營養學。此外，當年台灣在「美援」（一九五一年～一九六五年）的民生物資中就有麵粉，甚至很多基督教、天主教的教會在傳教活動中也發放免費的麵粉、奶粉，因而一度被戲稱為「麵粉教」。

以此來看，台灣戰後在政府鼓勵麵食，加上大量中國各省尤其北方人移民帶來的麵食文化之下，使這個南方海島除了米食文化，也發展出豐富的麵食文化。後來，台灣人早已習慣吃燒餅、油條、饅頭、包子、餛飩、水餃、蔥油餅、麻醬麵、炸醬麵、大滷麵等麵食。

今天，在台灣看到掛著「外省麵」招牌的麵店，很多人不知道賣的是什麼麵？有人則好奇說是外省人開的麵店嗎？

先說台灣在戰後出現的一句台語歇後語：「外省仔麵——免啦！」麵的台語發音是mī，國語的發音則是ㄇㄧㄢˋ，剛好與台語的「免」（bián）諧音。如果你幫人家忙，對方說要答謝，但你覺得不必，就可以用上這句台語歇後語。

什麼是外省麵？既然本省人稱之「外省麵」，可見與本省麵有所不同。台灣傳統的麵是麵粉加鹼煮過再拌油的熟麵，所以變成黃色，但麵條不會黏在一起，也較耐煮，台語稱之「油麵」。油麵可以做炒麵，也可以做煮麵，最常見的作法是先燙一下再乾拌或加入油湯，就是著名的台灣小吃「切仔麵」、「擔仔麵」。

切仔麵的「切」，正字是「摵」（tshik），用力上下搖晃抖動的意思。切仔麵燙麵的工具，本來是一枝綁著長柄竹片的小竹簍，稱之「麵摵仔」，但現在大都改用鋼製的了。

把一人份的油麵裝進火竹簍後，抓著長柄讓竹簍在滾水中上下抖動，

快速燙好之後，倒扣到碗裡，變成小丘狀，放上燙好的豆芽和韭菜，以及一片熟瘦肉，再加點油蔥，淋上豬骨湯，就是一碗切仔麵了。

擔仔麵用的也是油麵，作法與切仔麵一樣，不同的是使用的肉臊、配料，以及用鮮蝦熬煮的湯頭。擔仔麵顧名思義就是挑擔子賣的麵，所以不但坐椅小，碗也小。一小碗的湯麵，符合台灣人稱小吃為「點心」的定義。

台灣另有一種熟麵叫「意麵」，應是源自中國廣東知名的「伊麵」（伊府麵），指加了雞蛋或鴨蛋做成的麵條，捲成團狀，晾乾後再炸至金黃，即可儲存備用，煮時直接下到鍋裡軟化，一般做炒麵或乾燒麵。

相對於燙一下即可烹調的熟麵，外省麵則指生麵，也就是以生的麵條當場「下麵」到滾水裡煮熟，所以需要較長的煮麵時間。生麵的料理五花八門，從清湯掛麵的陽春麵到肉香四溢的牛肉麵。

台灣一般的麵攤，除了賣油麵，也賣歸類為生麵的「廣東仔麵」。

便當與飯包

我在台北車站搭高鐵，如果遇到用餐時間，一定買一個台鐵便當上車。為什麼？因為高鐵便當較貴，而且一看就不好吃。然而，當我在高鐵車上吃紙盒的台鐵便當時，我卻想念早年在台鐵車上吃的鐵盒「排骨菜飯」便當。

攜帶方便的餐盒，台灣叫「便當」，香港叫「飯盒」，中國大陸叫「盒飯」，但現在我和香港、北京朋友講話提到便當，他們也都知道意思了。

大家都知道「便當」源自日文，但因為有個「便」字，早年有人認為大便當、小便當很難聽。曾經有個笑話，一家小攤店在招牌上貼著橫寫的三行：牛肉麵、大滷麵、便當，但有人直著看，就變成了「牛大便」。

因此，政府也曾經希望民眾把便當改稱飯盒，但多年來，民眾還是習慣訂便當、吃便當。

日文的「便當」（簡寫為弁当，音bentō），台語念作piān-tong。日文漢字「便當」的詞源有兩種說法：第一、源自中國南宋的俗語「便當」，就是方便的意思。第二、源自日本有一種個人使用的食器「面桶」（mentō），在江戶時代曾普遍使用，後來轉為諧音的「便當」。

在台灣，便當使用的盒子，以台鐵便當來說，最早沿襲日本時代的木片盒，後來改為鋁盒，因被質疑有毒再改為不鏽鋼盒，但又因常被順手帶走或被抱怨洗不乾淨，就再改為保麗龍盒，結果因被批評不環保最後改回木片盒，近年來則大都使用紙盒。

其實，在日文「便當」之前，台灣人稱餐盒為「飯包」（pn̄g-pau），至今仍有不稱便當而稱飯包的便當店。今天，如果掛名賣飯包，一定堅持使用日本時代傳統的木片盒。木片盒的優點，除了比保麗龍盒環保之外，更因木片會吸收飯的熱氣以保持飯的黏性。

但飯包本來的樣子，並不是木片的盒子。一九九四年，我當記者時曾專程去台東採訪著名火車便當店「池上飯包」第三代的李朝義先生。這家店創立於日本時代的一九四四年，當時的花東鐵路的蒸汽火車，從花蓮到池上要七小時，從池上到台東要五小時，池上是中途大站，適合提供飯包給乘客食用。

李朝義說，「池上飯包」在使用木片盒之前，都是由他祖母親手所做真正的飯包：以池上米煮熟的飯，把溪蝦、豬肉、青菜包在飯裡，捏成三角形，再撒些芝麻，做成了飯糰，最後用一張姑婆芋葉包入四個飯糰。

不談漢人的竹葉粽子，今天在一些原住民部落，還能看到以林投葉、香蕉葉、麵包樹葉等包裹米飯的原味美食。

早年，當一般都以鐵盒裝飯菜當午餐，講「便當」的人愈來愈多時，還是有人習慣講「飯包」。台灣詩人向陽在一九七六年寫了一首著名的台語詩〈阿爹的飯包〉，至今讓人回味。

這首詩描述台灣戰後貧窮的年代，有一個沙石工人的孩子，每天看到爸爸在天亮時就帶著飯包出門工作，他想爸爸的飯包不知裝什麼菜？至少有個蛋吧！有一天，小孩在天未亮時，偷偷走進廚房，打開爸爸的飯包，發現裡面只有加了番薯簽（籤）的飯，以及三條菜脯。

台語「菜脯」就是蘿蔔乾，台灣有一句台語俗話「菜脯根罔咬鹹」，說吃飯配蘿蔔乾有點鹹味下飯就好，這是早年窮苦人家的寫照。

台灣傳統過年食物的吉祥涵義

在台灣，農曆新年是一年之中最重要的節目，每個家庭為了團圓、聚餐所準備的各種食物，在食物的名稱、形狀、味道或象徵上都具有吉祥涵義。

台灣閩客族群的傳統過年，在除夕的前幾天，家家戶戶都要「磨米炊粿」（台語稱粿，客語稱粄，就是以米做成的糕點），主要有以下三種：

甜粿：以糯米粉漿加赤砂糖蒸製而成，「甜」（tinn）與「年」（nî）押韻，寓意「吃甜甜好過年」。

發粿：以在來米（秈米）粉漿加麵粉、酵母、糖，經發酵膨脹蒸到表面裂開，台語「發」有發酵之意，也象徵「大發財」、「大發好運」。

菜頭粿：以在來米粉漿拌入炒過的蘿蔔絲、蝦米等配料蒸製而成，「菜頭」諧音「好彩頭」（好預兆）。

到了除夕，就要先祭拜祖先，然後全家「圍爐」吃年夜飯（古早時在餐桌下放置「烘爐」，把炭火燒旺取暖，並象徵團圓、興旺），準備的食物主要如下：

春飯：白米飯在碗裡盛滿堆高，插上以紙或布剪成的「春仔花」，稱之「春飯」，放在神桌上。台語的「春」與「賰」（**tshun**，剩餘之意）同音，「賰飯」就是剩飯，象徵米飯有餘。

年柑：「年柑」指在農曆過年期間上市的「桶柑」，這種柑橘原產於中國嶺南，早年都以木桶裝運到外地販售。一般以五個桶柑，三個做底蒂頭向上，中間放一個蒂頭向下，上面再放一個蒂頭向上，疊成「柑塔」（或稱柑墩），放在神桌上。柑橘（橘簡寫為桔）的「柑」與「甘」諧音，「桔」與「吉」諧音，象徵甘甜、吉祥。

長年菜：過年期間都要吃的「長年菜」，一般指芥菜（刈菜）。在常見的蔬菜中，芥菜的葉片最長最大，象徵長壽；一般把芥菜整葉撕下煮肉湯，本來有點苦味，但愈煮愈甘甜，象徵苦盡甘來。台灣南部（台南至屏東）的「長年菜」則是菠菜，連紅根帶綠葉整株一起蒸煮，也要整株吃，取其長壽。

雞：一般都用全雞，台語「雞」（ke）與「家」（ke）同音，所以說「食雞，會起家」（起家是成家立業之意）。

魷魚：吃魷魚（魷的正字是鰇）時的押韻吉祥話是「食魷魚，生囡仔好育飼」（小孩健康好養育）。台灣傳統年菜常見「魷魚螺肉蒜」，將泡發過的魷魚與蒜苗、芹菜炒香後，把罐頭螺肉連湯汁倒入鍋中煮沸即成。

烏魚子：烏魚是台灣冬季的重要漁獲（或養殖），以鹽醃、日曬（乾燥）製成烏魚子特產。過年團圓吃烤烏魚子，以魚卵象徵多子多孫、子孫繁衍。

佛跳牆：福州名菜佛跳牆在台灣也非常流行，以諸多珍貴食材用文火慢煨而成，寓意「福壽全」。

大年初一有人來拜年，家裡的果盒、果盤都要放一些「四秀仔」（零食），用來招

食物諧音的吉祥話

*食雞，會起家。

*食鰇魚，生囡仔好育飼。

*食福圓，生囝中狀元。

*食棗，年年好。

*食瓜子，好過日子。

*食土豆，食到老老老。

*食豆乾，會升官。

*食芋，有好頭路。

*食柚，有好庇佑。

*食月餅，會生好囝。

【索引】

書籍、作品

七畫——

八畫——

九畫——

十畫——

十一畫——

十二畫——

十三畫——

十四畫——

十五畫——

人名

其他

台灣珍藏 19
蚵仔煎的身世：台灣食物名小考

作　　者　曹銘宗
選書責編　張瑞芳
協力編輯　蔡怡君
校　　對　蔡怡君、林昌榮、張瑞芳
版面構成　吳文綺
封面設計　黃子欽
總 編 輯　謝宜英
行銷主任　林智萱
行銷業務　張庭華
出 版 者　貓頭鷹出版
發 行 人　凃玉雲
發 行 所　英屬蓋曼群島商家庭傳媒股份有限公司城邦分公司
地　　址　104 台北市民生東路二段 141 號 11 樓
劃撥帳號　19863813／戶名：書虫股份有限公司

城邦讀書花園　www.cite.com.tw
購書服務信箱　service@cite.com.tw
購書服務專線　02-25007718；25007719（週一至週五 09:30-12:00；13:30-17:00）
24 小時傳真專線　02-25001990；25001991
香港發行所 城邦（香港）出版集團　電話：852-28778606／傳真：852-25789337
馬新發行所 城邦（馬新）出版集團　電話：603-90563833／傳真：603-90576622

印 製 廠　成陽印刷股份有限公司
初　　版　2016 年 11 月
十 一 刷　2022 年 3 月
定　　價　新台幣 390 元 港幣 130 元
ISBN 978-986-262-312-1

讀者意見信箱　owl_service@cite.com.tw
【大量採購，請洽專線】(02)2500-1919

國家圖書館出版品預行編目 (CIP) 資料

蚵仔煎的身世：台灣食物名小考 / 曹銘宗著 . --
初版 . -- 臺北市：貓頭鷹出版：家庭傳媒城邦
分公司發行 , 2016.11
面；　公分 . -- (臺灣珍藏；19)
ISBN 978-986-262-312-1(平裝)

1. 飲食風俗 2. 臺灣
538.7833　　105019127